THE SOUL NEVER DIES

El Alma Nunca Muere

by
Ricky James

Gotham Books

30 N Gould St.
Ste. 20820, Sheridan, WY 82801
https://gothambooksinc.com/

Phone: 1 (307) 464-7800

© 2024 *Ricky James*. All rights reserved.

No part of this book may be reproduced, stored in a retrieval system, or transmitted by any means without the written permission of the author.

Published by Gotham Books (February 20, 2024)

ISBN: 979-8-88775-354-6 (H)
ISBN: 979-8-88775-352-2 (P)
ISBN: 979-8-88775-353-9 (E)

Because of the dynamic nature of the Internet, any web addresses or links contained in this book may have changed since publication and may no longer be valid.

The views expressed in this work are solely those of the author and do not necessarily reflect the views of the publisher, and the publisher hereby disclaims any responsibility for them.

CONTENTS

Introduction
Introducción iv
Chapter One
Capítulo Uno 1
Chapter Two
Capítulo Dos 13
Chapter Three
Capítulo Tres 37
Chapter Four
Capítulo Cuatro 52
Chapter Five
Capítulo Cinco 77
Chapter Six
Capitulo Seis 92
Chapter Seven
Capítulo Siete 102

INTRODUCTION

Introducción

We all came from Adam and Eve. I came from South Dakota to California and then to Texas. There all God's books came to me from a trip to my wife's family. They are so kind and they have a different culture than mine. They accepted me as family member. I love them dearly.

The reason for this book is share that we all have a God, who gave us a soul. It is how you use that soul for good or other. Knowing that your soul never dies we have a choice to understand what God had in mind for each of us that believe in him. But remember there is a Satan evil Spirit and depends to each of us to know who we will serve. There is only two places to go after the earthly life, it is up or down. The word of God tells us the truth it is up to each to accept it or not, but God is truth.

Todos venimos de Adán y Eva. Yo vine de Dakota del Sur a California y luego a Texas. Allí me llegaron todos los libros de Dios, en un viaje a la familia de mi esposa. Ellos son muy amables y tienen una cultura diferente a la mía. Me aceptaron como miembro de la familia. Yo los quiero mucho.

El motivo de este libro es compartir que todos tenemos un Dios, que nos dio un alma. Así es como usas esa alma para bien o para mal. Sabiendo que tu alma nunca muere, tenemos la opción de entender lo que Dios tenía en mente para cada uno de nosotros que créemos en él. Pero recuerde que hay un Espíritu maligno de Satanás y depende de cada uno de nosotros saber a quién serviremos. Sólo hay dos lugares a donde ir después de la vida terrenal: hacia arriba o hacia abajo. La palabra de Dios nos dice la verdad, depende de cada uno aceptarla o no, pero Dios es verdad.

Our body have a soul and spirit and there is a life after death, with God in heaven or below with Satan. It is up to each to think which way you will go. There is two spirits God's Holy Spirit and Satan evil spirit. God does not want anyone to perish. Satan has come to still and to destroy.

Nuestro cuerpo tiene un espíritu y hay una vida después de la muerte, con Dios en el cielo o con satanás en el infierno. Ello depende de cada uno decidir a donde decide ir. Hay dos espíritus el Espíritu de Dios y el espíritu de Satanás. Dios quiere que nadie se pierda. Satanás ha venido a robar y a destruir.

CHAPTER ONE
Capítulo Uno

Yes, your soul never dies as the soul was given to Adam and Eve from there, we are given a soul from the one above. Let us see what the soul means.

Sí, tu alma nunca muere, ya que el alma fue entregada a Adán y a Eva por Dios. Veamos qué significa el alma.

The Greek work for soul is psyche or **supernatural** in English it is psychic what does that maneuverer soul and spirit mean and are the same? You have a spirit when you accept the Holly one from above and you receive the spirit, but the soul is with you in your body that is what keeps you alive on earth.

*La palabra griega para alma es psique o **sobrenatural** en inglés es psíquico ¿qué significa ese maniobrado alma y espíritu, y son lo mismo? Tienes un espíritu cuando aceptas el acebo de* *arriba y recibes el espíritu, pero el alma está contigo en tu cuerpo, ella es la que te mantiene vivo en la tierra.*

Back to the soul meaning and spirit meaning. We will be talking about the soul first than we will go to the spirit.

De vuelta al significado del alma y al significado del espíritu. Primero nos ocuparemos del alma que del espíritu. En Génesis capítulo 2 dice el versículo 7.

Genesis chapter 2 verse seven. And the Lord God formed man from the earth. That is where the soul started and from there, we each have a soul.

Génesis capítulo 2 versículo 7. "Y Jehová Dios formó al hombre de la tierra." Ahí es donde el alma inicia y de ahí cada uno tenemos un alma.

In many religious, philosophical, and your theological traditions, the soul is the incorporeal essence of a living being.

En muchas tradiciones religiosas, filosóficas y

teológicas, el alma es la esencia incorpórea de un ser vivo.

Soul or psyche comprises of the mental abilities of a living being: reason, character, feeling, consciousness, qualia, memory, perception, thinking, etc." according to "Wikipedia"

El alma o psique comprende las habilidades mentales de un ser vivo: razón carácter, sentimiento, conciencia, qualia, memoria, percepción, pensamiento, etc." según "Wikipedia."

When you were born you were given a soul to enter this world end. Each of us have a soul and how we use that soul is up to us as you can guide it one way or another up or down.

Cuando naciste se te dio un alma para entrar en este mundo. Cada uno de nosotros tiene un alma y la forma en que la usemos depende de nosotros, ya que puede guiarla de una forma u otra hacia arriba o hacia abajo.

So, the soul will rest in the ground waiting for what is to come as for those who are alive, the soul is with them good or bad, as it is upon your wisdom and truth that will help you to understand the one who gave you your soul.

Entonces, el alma descansará en la tierra esperando lo que vendrá, para los que están vivos, el alma estará con ellos sea buena o mala, ya que está en tu sabiduría y verdad que te ayudarán a comprender al que te dio el alma.

The human soul known as the psyche refers to all the parts of the human mind, that affect personality.

El alma humana conocida como psique se refiere a todas las partes de la mente humana que afectan la personalidad.

According to Freud, the soul in some way is the psyche that contains, what is called the self-image, and the subconscious mind known as the superego and it functions at different levels: the conscious, preconscious, and subconscious.

Según Freud, el alma de alguna manera es la psique que contiene lo que se llama autoimagen, y la mente subconsciente conocida como superyó y funciona en diferentes niveles: el consciente, preconsciente y subconsciente.

Look at all the wonderful things the one from above gave us. A freedom of choice for each of us in this life on earth and remember earth will some day pass away, and so, which way will your soul go upward or downward?

Mira todas las maravillosas cosas que nos dio el de arriba. Una libertad de elección para cada uno de nosotros en esta vida en la tierra. Recuerda que la tierra pasará algún día y entonces, ¿hacia dónde irá tu alma hacia arriba o hacia abajo?

Let us look at the ID that means, identity or identification. In the psychoanalysis, which is the part of the mind in which innate instinctive impulses and primary processes are manifest. The soul is the part that keeps the human body alive and without it, there is nothing without the soul and the operating personality give your life. Without the soul there is no life.

Echemos un vistazo al ID, que significa identidad o identificación. En psicoanálisis, esto es la parte de la mente en la cual los impulsos instintivos innatos y procesos primarios se manifiestan.

The soul in the body is the electric impulsive and the unconscious which is part of our psyche and brain which responds directly and quickly to basic urges, like our needs, and desires.

El alma en el cuerpo es el impulso eléctrico y el inconsciente que es parte de nuestra psique y cerebro que responde directa y rápidamente a impulsos básicos, como nuestras necesidades y deseos.

Now that the self-image is a person's sense of self-worth or self-importance.

Ahora que la autoimagen es el sentido de autoestima o importancia de una persona.

This is something that can get out of control very easy, if not keep in check with ones superego, and if the part of a person's mind acts as a self-critical conscience, reflecting social standards learned from parents and teachers.

Esto es algo que puede salirse de control muy fácilmente si no se controla con el superyó y si la parte de la mente de una persona actúa como una conciencia autocrítica, reflejando los estándares sociales aprendidos de padres y maestros.

This is the ethical part of the personality and provides us the moral standards by which the ego in us operates.

Ésta es la parte ética de la personalidad y nos proporciona las normas morales por las que opera el ego en nosotros.

This is the part of a person's inner self called the mind, or personality that tells them, how to behave based on what they have been thought throughout their life from a child to a grown up and this is where their morals and values come from.

Esta es la parte del yo interior de una persona llamada mente, o personalidad, que le dice cómo comportarse en función de lo que se ha pensado y a lo largo de su vida desde que era un niño hasta que es mayor, y de ahí es de donde provienen su moral y sus valores.

Theology is the study of the nature of God and religious belief and theory when systematically developed. Theology has recognized three types of tradition according to varying origins, namely, holy, churchly, and ecclesiastical. Holy think of this as we were made in his image.

La teología es la ciencia que trata de Dios y del conocimiento que el ser humano tiene sobre él. La Teología ha reconocido tres tipos de tradición según distintos orígenes: divina, apostólica y eclesiástica. Nuestro Dios es santo y él nos hizo a su imagen y semejanza.

The apostolic tradition is to the apostles and there were twelve of them. Should we not be like them and tell the truth to all nations?

La tradición apostólica hace relación a los apóstoles y había doce de ellos. ¿No deberíamos ser como ellos y decir la verdad a todas las naciones?

The problem here is there are too many haters of the truth even in the olden time they did not believe what they were given, and it was the truth.

Ecclesiastical relating to the church or the clergy. The head of the church is from above hand down to us though his divine guidance for to understand his love for us.

El problema aquí es que hay demasiados que odian la verdad, incluso en la antigüedad no creían lo que se les daba y era la verdad.

Eclesiástico relativo a la iglesia o al clero. La cabeza de la iglesia es de arriba hacia abajo a través de su guía divina para comprender su amor por nosotros.

The divine tradition is from, or like God. Incorporeal essence of a living being equals having no material body or form this is how your soul will be at the end of life it will either go up or down.

La tradición divina es de Dios o es como Dios. La esencia incorpórea de un ser vivo equivale a no tener cuerpo o forma material, así es como será tu alma al final de la vida, ya sea hacia arriba o hacia abajo.

Those on the right go up and those on the left go down.

Los de la derecha van hacia arriba y los de la izquierda van hacia abajo.

God is the one that gives us a spirit, but our soul is willing to do it, and the flesh is weak. The human body, physical body, physique body, build, anatomy, figure, flesh, frame, and shape as we will have different sizes, and shapes and different colors, and different races in this world but God loves each of us all the same.

Dios es quien nos da el espíritu, nuestra alma desea hacer su voluntad, pero nuestra carne es débil. El cuerpo humano, el cuerpo físico, el cuerpo etéreo, construcción, anatomía, figura, carne, estructura y forma tiene diferentes tamaños, formas, colores, razas en este mundo pero Dios nos ama a todos de la misma forma.

An entity which is regarded as being the immortal or spiritual part of a person and which, having no physical or material reality, is credited with the functions of thinking, willing, and choosing. It is the central court or integral part, the vital core.

Una entidad es aquella que se considera la parte inmortal o espiritual de una persona y que, al no tener realidad física o material, se le atribuyen las funciones de pensar, desear y elegir. El núcleo vital es la parte central o integral del ser humano.

When you pass, your soul rest, until it is called for judgement good or bad and we will all see him, except those whom are taken up, with their time to be with the heavenly father.

Cuando un ser humano muere, su alma descansa hasta ser llamada para juicio ya sea bueno o malo y todos lo veremos; excepto aquellos que están ocupados con el Padre Celestial.

Entidad que se considera la parte inmortal o espiritual de una persona y que, al no tener realidad física o material, se le atribuyen las funciones de pensar, desear y elegir. Es la parte central o integral; el núcleo vital.

CHAPTER TWO
Capítulo Dos

Death is the end of the life of a person. We will talk about death words from the Holy Bible. After death judgment comes good or bad, but again the heavenly father will take some of his people, up before the tribulation and some will live through the tribulation and go to the millemmium.

La muerte es el final de la vida de una persona. Hablaremos sobre las palabras de muerte de la Santa Biblia y después de la muerte, el juicio viene bueno o malo, pero nuevamente el padre abatido llevará a algunos de su gente antes de la tribulación y algunos sobrevivirán. la tribulación e irán al millemmium.

Now back to the good book the bible about death.

We all must die the first death, and many will have to face the second death, which is the judgement.

Ahora volvamos al buen libro de la Biblia sobre la muerte.

Todos debemos morir la primera muerte y muchos tendrán que enfrentar la segunda muerte que es el juicio.

Luke 7. v 2, And a certain centurion's servant, who was dear unto him, was sick, and ready to die.

Lucas 7. v 2, Y el siervo de un centurión, a quien este quería mucho, estaba enfermo y a punto de morir.

This means, that God can heal a person who has the faith, and if it his will to do so.

Esto significa que Dios puede sanar a una persona que tiene fe, y si es su voluntad hacerlo.

There is life after death it depends on which way you are going.

Su vida después de la muerte depende de qué camino tomar.

Deuteronomy. 30 v 15. See, I have set before thee this day life and good, and death and evil.

Mira, yo he puesto delante de ti hoy la vida y el bien, la muerte y el mal.

Psalm 6. v 5. For in death there is no remembrance of thee: in the grave who shall give thee thanks?

Salmo 6. v 5. porque en la muerte no hay memoria de ti; En el Seol, ¿quién te dará gracias.? Una persona muerta no puede dar gracias a nadie.

Psalm v 19. To deliver their soul from death, and to keep them alive in famine. God can deliver whom he may if it is his will.

Salmo 33 19. Para librar sus almas de la muerte y para darles vida en tiempo. Dios puede librar a quien quiera si es su voluntad.

Psalm 68 v 20. He that is our God is the God of salvation; and unto God the Lord belong the issues from death. Our salvation only comes through our Lord Jesus Christ.

Salmo 68 v 20 Dios, nuestro Dios, ha de salvarnos, y de Jehová el Señor es el librar de la muerte. Nuestra salvación solo viene a través de nuestro Señor Jesucristo.

Psalms 116 v 8. For thou hast delivered my soul from death, mine eyes from tears, and my feet from falling. This is what the Lord can do for you this is what he did for David.

Salmos 116 v 8, Pues tú has librado mi alma de la muerte, mis ojos de lágrimas y mis pies de resbalar. Esto es lo que el Señor puede hacer por ti esto es lo que hizo por David.

Psalms 116 v 15. Precious in the sight of the Lord is the death of his saints. Did you know that every death of his saints is precious to our God.

Salmos 116 v 15. Estimada es a los ojos de Jehová la muerte de sus santos. ¿Sabías que cada muerte de sus santos es preciosa para nuestro Dios?

Psalms 118 v 18. The Lord hath chastened me sore; but he hath not given me over unto death. What does this mean it means to rebuke or humble and discipline a person.

Salmos 118 v 18. El Señor me castigó duramente; pero no me entregó a la muerte. ¿Qué significa esto que significa reprender o humillar y disciplinar a una persona?

Proverbs 8 v 36. But he hath sinned against me wrongeth his own soul; all they that hate me love death

Proverbios 8 v 36. Mas el que peca contra mí, agravia su propia alma; todos los que me odian aman la muerte

The Lord says death to all that hate him and there are many of them that do not understand the truth of his words.

El Señor dice muerte a todos los que lo odian y hay muchos de ellos que no entienden la verdad de sus palabras.

Proverbs 18 v 21. Death and life are in the power of the tongue; and they that love it shall eat the fruit thereof.

Proverbios 18 v 21. La muerte y la vida están en el poder de la lengua; y aquellos que la aman comerán de sus frutos.

The tongue says a lot about a person it can be good or evil those who speak evil will sow evil by there lies which is deceitful, of the fruit they reap and lies which lead to death.

La lengua dice mucho de una persona, puede ser bueno o malo los que hablan mal sembrarán el mal con mentiras engañosas, del fruto que cosechan y mentiras que conducen a la muerte.

Jeremiah 8 v 3. And death shall be chosen rather than life by all the residue of them that remain of this evil family, which remain in all the places whither I have driven them, saith the Lord of host.

Jeremías 8 v 3. Y escogerá la muerte antes que la vida por todo el resto que quede de esta mala generación en todos los lugares a donde los he arrojado, dice Jehová de los ejércitos.

This may be those unpleasant life situations, and conditions that seem to repeat themselves in the lives of every *family* member.

Estas pueden ser las situaciones y condiciones desagradables de la vida que parecen repetirse en la vida de todos los miembros de la familia.

Isaiah 25 v 8. He will swallow up death in victory; and the Lord God will wipe away tears, from off all faces; and the rebuke of his people shall take away from off all the earth; for the Lord hath spoken it.

Isaías 25 v 8. Destruirá a la muerte para siempre; y enjugará Jehová el Señor toda lágrima de todos los rostros: y quitará la afrenta de su pueblo de toda la tierra: porque Jehová lo ha dicho.

This means that the perishable body *will* become imperishable, whether you are *dead* or not. Also rebuke means an expression of strong disapproval or reprimand.

Lo que esto significa es que el cuerpo perecedero se volverá imperecedero, estés muerto o no. También reprender significa una expresión de fuerte desaprobación o reprimenda.

Isaiah 28 v 15. Because ye have said, we have made a covenant with death, and with hell are we at agreement, when the overflowing scourge shall pass through, it shall not come unto us; for we are under falsehood have we hid ourselves.

Isaías 28 v 15. Por cuanto habéis dicho: Pacto tenemos hecho con la muerte, e hicimos convenio con el Seol; cuando pase el turbión del azote, no llegará a nosotros, porque hemos puesto nuestro refugio en la mentira, y en la falsedad nos esconderemos.

What does it mean, it is an agreement within us to disobey God in a certain area of our lives, we have made a *covenant with death* that needs to be broken? Your covenant with death *will* be annulled, and your agreement with the grave *will* not stand; When *the overflowing scourge passes through*, then you *will* be bruise or injured. When the overflowing scourge passes through, It *will* not come to us, For *we have* made *lies* our refuge, And *under falsehood we have hidden ourselves.*

¿Qué significa? Es un acuerdo dentro de nosotros mismos para desobedecer a Dios en un área determinada de nuestras vidas, hemos hecho un pacto con la muerte que necesita ser roto. Tu pacto con la muerte será anulado, Y tu pacto con el sepulcro no será firme; cuando pase el turbión del azote, entonces serás magullado o herido. Cuando pase el turbión del azote, No llegará a nosotros, Porque hemos hecho de la mentira nuestro refugio, Y bajo la falsedad nos hemos escondido.

Ezekiel 18 v 32. For I have no pleasure in the death, of him that die saith the Lord God; wherefore turn yourselves, and live ye. He is saying accept him as your Lord and savior and death will not come upon you, he wishes none to be lost.

Ezequiel 18 v 32. Porque no quiero la muerte del que muere, dice Jehová, el Señor Jehová, convertíos pues, y viviréis.

Él está diciendo que lo aceptemos a Él como Señor y salvador y la muerte no vendrá sobre usted. El desea que nadie se pierda.

Ezekiel 33 v 11. Say unto them, as I live, saith the Lord God. I have no pleasure in the death of the wicked, but that the wicked turn from his way and live; turn ye, turn ye from your evil ways; for why should you die, O house of Israel?

Ezequiel 33 v 11. Diles: Vivo yo, dice el Señor Dios. No tengo placer en la muerte de los impíos; más el impío se aparta de su camino, y vive; ahuyentaos, volveos de vuestros malos caminos; porque ¿por qué moriréis, oh casa de Israel?

He is not only taking to Israel but to the whole world. Be not wicked because it only bring you to the bottom less pit called hell.

No solo se está llevando a Israel, sino al mundo entero. No seas malvado porque solo te llevará al abismo menos profundo llamado infierno.

Hosea 13 v 14. I will ransom them from the power of the grave; O death, I will be thy plagues; O grave, I will be they destruction; repentance shall be hidden from my eyes.

Look at the verse before this and he is talking about the iniquity of Ephraim his sin is hid. Also, the sorrow of a travailing woman shall come upon him.

Oseas 13 v 14. De la mano del Seol los redimiré, los libraré de la muerte. Oh muerte, yo seré tu muerte; y seré tu destrucción, oh Seol; la compasión será escondida de mis ojos.

Observe el versículo anterior a este, él está hablando de la iniquidad de Efraín, su pecado está escondido. Y vendrá sobre él dolor de mujer que da a luz.

Luke 9 v 27. But I tell you of a truth, there be some standing here, which shall not taste of death, till they see the kingdom of God.

Lucas 9 v 27. Pero os digo en verdad, que hay algunos de los que están aquí, que no gustarán la muerte hasta que vean el reino de Dios.

This tell us some people will be alive, when he calls them home, before the tribulation and some will live through the tribulation, and be with him those that stay faithful to him.

This tell us there is a God and those who believe he was sent by the father will pass condemnation from death to life with Christ our Lord and savior.

Esto nos dice que algunas personas estarán vivas cuando él las llame a casa antes de la tribulación y algunas vivirán a través de la tribulación y serán con él aquellos que se mantengan fieles a él.

John 5 v 24. Verily, verily, I say unto you, He that hearth my word, and believeth on him that sent me, hath everlasting life, and shall not come into condemnation; but is passed from death unto life.

Juan 5 v 24. De cierto, de cierto os digo: El que oye mi palabra, y cree al que me envió, tiene vida eterna; y no vendrá a condenación, mas ha pasado de muerte a vida.

Romans 5 v 12. Wherefore, as by one man sin entered the world, and death by sin; and so, death passed upon all men, for that all have sinned.

Romanos 5 v 12. Por tanto, como el pecado entró en el mundo por un hombre, y por el pecado la muerte; y así la muerte pasó a todos los hombres, por cuanto todos pecaron.

What this tell us that we are all sinners, but through the cross, Christ died to cover our sins, if we only come to him, and ask forgiveness he will set you free no matter where you are in life.

Lo que esto nos dice es que todos somos pecadores, pero a través de la cruz, Cristo murió para cubrir nuestros pecados, si solo venimos a él y le pedimos perdón, él te liberará sin importar dónde te encuentres en la vida.

As Christ said pick up your cross and follow me.

Como Jesús dice, toma tu cruz y sígueme.

Romans 6 v 3. Know ye not, that so many of us as were baptized into Jesus Christ were baptized into his death?

Romanos 6 v 3. ¿O no sabéis que todos los que hemos sido bautizados en Cristo Jesús, hemos sido bautizados en su muerte?

As we are baptized, we are like his death on the cross because new in the spirit of his likeness.

Al ser nosotros bautizados somos como su muerte en la cruz siendo hechos nuevos en el espíritu de su semejanza.

1 John 3 v 14. We know that we have passed from death unto life, because we love the brethren. He that loveth not his brother abideth in death.

1 Juan 3 v 14. Nosotros sabemos que hemos pasado de muerte a vida en que amamos a los hermanos. El que no ama a su hermano, permanece en muerte.

God can lose the pain whom God hath raised up, having loosed the pains of death; because it was not possible, that he should be holden of it. For God keeps his people from the second death for those who believe in him and follow him.

Dios puede desatar el dolor a quien Dios ha resucitado, habiendo desatado los dolores de la muerte; porque no era posible que fuera retenido de ella. Porque Dios guarda a su pueblo de la segunda muerte para los que creen en él y lo siguen.

Acts 2 v 24. Whom God hathe raised up, having loosed the pains of death; because it was not possible that he held it.

Hechos 2 v 24. Al cual Dios levanto, sueltos los dolores de la muerte, por cuanto era imposible que fuese retenido por ella.

Corinthians 3 v 22. Whether Paul, or Apollos, or Cephas, or the world, or life, or death, or things present, or things to come; all are yours. We all understand life-or-death God gives an answer which way to go but some follow the worldly way out of the truth as only God's words give us the truth to find the answers.

1 corintios 3 v 22. Sea Pablo, sea Apolos, sea Cefas, sea el mundo, sea la vida, sea la muerte, sea lo presente, sea lo por venir; todo es vuestro. Todos podemos tener una comprensión de la vida o la muerte. Dios nos da una respuesta sobre qué camino tomar, pero algunos siguen el camino mundano para salir de la verdad, ya que solo las palabras de Dios nos dan la verdad para encontrar las respuestas.

1 Corinthians 11 v 26. For as often as ye eat this bread, and drink this cup, ye do shew the Lord's death till he come.

You are retelling the message of the Lord's death, that he has died for you. Do this until he comes again.

1 Corintios 11 v 26. Porque todas las veces que comiereis este pan, y bebáis esta copa, la muerte del Señor anunciáis hasta que el venga.

Estás volviendo a contar el mensaje de la muerte

del Señor, que ha muerto por ti. Haz esto hasta que El vuelva.

1 Corinthians 15 v 21. For since by man came death, by man came also the resurrection of the dead. It means all will rise again.

1 Corintios 15 v 21. Porque por cuanto la muerte entró por un hombre, también por un hombre la resurrección de los muertos. Significa que todo se levantará de nuevo.

Hosea 13 v 14. I will ransom them from the power of the grave; I will redeem them from death; O death, I will by thy plagues; O grave, I will be thy destruction; repentance shall be hidden from mine eyes. Christ will follow up death in victory.

Oseas 13 v 14. De la mano del seol los redimiré, los libraré de la muerte. Oh muerte, yo seré tu muerte; y seré tu destrucción, oh seol; la compasión será escondido de mi vista. Cristo seguirá a la muerte en victoria.

1 Corinthians 15 v 56. The sting of death is sin, and the strength of sin is the law. Sin only brings death.

1 Corintios 15 v 56 Ya que el aguijón de la muerte es el pecado, y el poder del pecado, la ley. El pecado solo trae muerte.

Philippian 2 v 8. And being found in fashion as a man, he humbled himself, and became obedient unto death, even the death of the cross. Eventually, all people, whether they want to or not, will admit that Jesus Christ is, in fact, Lord.

Filipenses 2 v 8. Y estando en la condición de hombre, se humilló a sí mismo, haciendose obediente hasta la muerte, y muerte de cruz. Eventualmente, todas las personas, lo quieran o no, admitirán que Jesucristo es, de hecho, el Señor.

Luke 2 v 26. And it as revealed unto him the Holy Ghost, that he should not see death, before he had seen that Lord's Christ.

When Mary and Joseph took the baby to be circumcised and there was a man called Simeon, the spirit told him that he would see the child Christ before his death, and he did.

Lucas 2 v 26. Y le había sido revelado por el Espíritu Santo, que no vería la muerte antes que viese al Ungido del Señor.

Cuando María y José llevaron al bebé para ser circuncidado y allí había un hombre llamado Simeón, el Espíritu Santo le dijo que el vería al niño antes de su muerte y así fue.

1 Peter 3 v 18. For Christ also hath once suffered for sins, the just for the unjust, that he might bring us to God, being put to death in the flesh, but quickened by the Spirit. He did this for us on the cross so that we can be free from bondage.

1 Pedro 3 v 18. Porque también Cristo padeció una sola vez por los pecados, el justo por los injustos, para llevarnos a Dios, siendo a la verdad muerto en la carne, pero vivificado en espíritu. Él hizo esto por nosotros en la cruz para que podamos ser libres de la esclavitud.

Hebrews 2 v 9. But we see Jesus, who was made a little lower than the angels for the suffering of death, crowned with glory and honour, that he by the grace of God should taste death for every man. He gave up his life on the cross for all man kind so who ever follows him will be saved.

Hebreos 2 v 9. Pero vemos a aquel que fue hecho un poco menor que los ángeles, a coronado de gloria y de honra, a causa del padecimiento de la muerte, para que la gracia de Dios gustase la muerte por todos. Él entregó su vida en la cruz por toda la humanidad para que quien lo siga se salve.

John 5 v 16. If any man sees his brother sin a sin which is not unto death, he shall ask and he shall give him life for them that sin not unto death. There is a sin unto death; I do not say that he shall pray for it.

The only sin that is not forgiven is blasphemy against the Spirit shall not be forgiven.

1 Juan 5 v 16. Si alguno viere a su hermano cometer pecado que no sea de muerte, pedirá y le será dada vida; digo, a los que cometen un pecado que no sea de muerte. Hay pecado de muerte, por el cual yo no digo que se ruegue.

El único pecado que no se perdona es la blasfemia contra el Espíritu no se perdonará.

Revelation 1 v 18. I am he that liveth, and was dead; and behold, I am alive for evermore. Amen; and have the keys of hell and of death.

This is our Lord and savior he lives for ever and ever.

Apocalipsis 1 v 18. Y el que vivo, y estuve muerto; mas he aquí que vivo por los siglos de los siglos, Amén. Y tengo las llaves de la muerte y del Hades.

Este es nuestro Señor y Salvador que vive por los siglos de los siglos.

James 1 v 15. Then when lust hath conceived, it bringeth forth sin; and sin, when it is finished, bringeth forth death.

This tell us sin is not good in God's eyes it brings death to the sinner.

Santiago 1 v 15 Entonces la concupiscencia, después que ha concebido, da a luz el pecado: y el pecado, siendo consumado, da a luz la muerte.

Esto nos dice que el pecado no es bueno a los ojos de Dios, trae la muerte al pecador.

James 5 v 20. Let him know, that he which converted the sinner from the error of his ways shall save a soul form death and shall hide a multitude of sins. So, if we help to save a person it will help to hide multitude of our sins.

Santiago 5 v 20. Sepa que el que haga volver al pecador del error de su camino, salvará de muerte un alma, y cubrirá multitud de pecados. Así que si ayudamos a salvar a una persona ayudará a ocultar multitud de nuestros pecados.

Revelation 2 v 10. Fear none of those things which thou shalt suffer behold, the devil shall cast some of you into prison, that ye may be tried; and ye shall have tribulation ten days, be thou faithful unto death, and I will give thee a crown of life.

Look around the nations today like Canada and other places that go after God's people for preaching the truth.

Apocalipsis 2 v 10. No tengas en nada lo que vas a padecer. He aquí, el diablo echara a algunos de vosotros en la cárcel, para que seáis probados, y tendréis tribulación por diez días. Sé fiel hasta la muerte, y yo te daré la corona de la vida.

Mire alrededor de las naciones hoy como Canadá y otros lugares que siguen al pueblo de Dios por predicar la verdad.

Revelation 20 v 6. Blessed and holy is he that hath part in the first resurrection; on such the second death hath no power, but they shall be priests of God and of Christ and shall reign with him a thousand years.

What a blessing that would be a resurrection and a thousand years with our dear Lord.

Apocalipsis 20 v 6. Bienaventurado y santo el que tiene parte en la primera resurrección; la segunda muerte no tiene potestad sobre éstos, sino serán sacerdotes de Dios y de Cristo, y reinarán con él mil años.

Qué bendición sería una resurrección y mil años con nuestro amado Señor.

Revelation 21 v 4. And God shall wipe away all tears from their eyes; and there shall be no more death, neither sorrow, nor crying, neither shall there be any more pain; for the former things are passed away.

What a wonderful time that will be for his believers and those that have suffered.

Apocalipsis 21 v 4. Y enjugara Dios toda lágrima de los ojos de ellos; y ya no habrá más muerte, ni habrá más llanto, ni clamor, ni dolor; porque las primeras cosas han dejado de ser.

Qué tiempo tan maravilloso será ese para sus creyentes y para aquellos que han sufrido.

CHAPTER THREE

Capítulo Tres

Now we will be going over the soul, it is very important to know about the soul.

Ahora repasaremos el alma, es muy importante saber sobre el alma.

Genesis 2 v 7. And the Lord God formed man of the dust of the ground, and breathed into his nostrils the breath of life; and man became a living soul. Since than we all have a soul that God has given to us.

Génesis 2 v 7. Entonces Jehová Dios formo al hombre del polvo de la tierra, y soplo en su nariz aliento de vida, y fué el hombre un ser viviente. Ya que todos tenemos un alma que Dios nos ha dado.

Exodus 30 v 12. When thou takes the sum of the children of Israel after their number, then shall they give every man a ransom for his soul unto the Lord, when thou numberest them; that there be no plague among them, when thou numberest them. It is a blessing not to have the plague any more for any child, man, or woman and every one soul will go before the Lord.

Éxodo 30 v 12. Cuando tomares el número de los hijos de Israel conforme a la cuenta de ellos, cada uno dará a Jehová el rescate de su persona, cuando los cuentes, para que no haya en ellos mortandad cuando los hayas contado. Es una bendición no tener más la plaga para ningún niño ni hombre ni mujer y toda alma irá delante del Señor.

Deuteronomy 11 v 13. And it shall come to pass, if ye shall hearken diligently unto my commandments which I command you this day, to love the Lord with your heart and with all your soul.

We must try to give it are all to study and learn and pass the word on to other that they may have a chance to know our God.

Deuteronomio 11 v 13. Si obedeciereis cuidadosamente a mis mandamientos que yo os prescribo hoy, amando a Jehová vuestro Dios, y sirviéndolo con todo vuestro corazón, y con toda vuestra alma.

Debemos tratar de darlo todo para estudiar y aprender y pasar la palabra a otros para que puedan tener la oportunidad de conocer a nuestro Dios.

Deuteronomy 13 v 3. Thou shalt not hearken unto the words of that prophet, or that dreamer of dreams; for the Lord your God proveth you, to know whether ye love the Lord your God with all your heart and with all your soul.

This is what we must do to enter in to his kingdom even though we fail he will pick us up and for give us of our sins because we were born in sin.

Deuteronomio 13 v 3. No darás oído a las palabras de tal profeta, ni al tal soñador de sueños: porque Jehová vuestro Dios os esta probando para saber si amáis a Jehová vuestro

Dios con todo vuestro corazón, y con toda vuestra alma.

Esto es lo que debemos hacer para entrar en su reino, aunque fallemos, él nos recogerá y nos librará de nuestros pecados porque el hombre nació en pecado.

Joshua 22 v 5. But take diligent heed to do the commandment and the law, which Moses the servant of the Lord charged you, to love the Lord your God, and to walk in his ways, and to keep his commandments, and to cleave unto him, and to serve him with all your heart and with all your soul.

This is a repeat of the above verse saying to love and serve him will all your heart and soul.

Josué 22 v 5. Solamente que con diligencia cuidéis de cumplir el mandamiento y la ley, que Moisés siervo de Jehová os ordeno; que améis a Jehová vuestro Dios, y andéis en todos sus caminos; que guardéis sus mandamientos, y le sigais a él, y le sirváis de todo vuestro corazón y de toda vuestra alma.

Esta es una repetición del versículo anterior que dice amarlo y servirlo con todo el corazón y el alma.

1 Kings 2 v 4. The Lord may continue his word which he spoke concerning me, saying, if they children take heed to their way, to walk before me in truth with all their heart and with all their soul, there shall not fail three (said he) a man on the throne of Israel.

So, from a child if we follow him and even at any age, we will not fail he is the King of all.

1 Reyes 2 v 4. Para que Jehová confirme la palabra que me habló, diciendo: Si tus hijos guardaren mi camino delante de mí con verdad, de todo su corazón y de toda su alma, jamás, dice, faltará a ti varón en el trono de Israel.

Así que desde niño si lo seguimos y aun a cualquier edad no fallaremos El es el Rey de todos.

Mark 12 v 33. And to love him with all the heart and with all the understanding, and with all the soul, and with all the strengh, and to love his neighbour as himself, is more than all whole burnt offerings and sacrifices. Again to tell us about love one another and it is better then burnt offerings and sacrifices.

Marcos 12 v 33. Y amarle con todo el corazón, con todo el entendimiento, con toda el alma, y con todas las fuerzas, y amar al prójimo como a uno mismo, es más que todos los holocaustos y sacrificios. Nuevamente para hablarnos de amarse los unos a los otros y que es mejor que los holocaustos y sacrificios.

1 Samuel 18 v 1. And it came to pass, when he had made and end of speaking unto Saul, that the soul of Jonathan was knit with the soul of David, and Jonathan loved him as his own soul. This intimate relationship was sealed before God. It was not just a spiritual bond it became covenantal for "Jonathan made a covenant with David.

1 Samuel 18 v 1. Aconteció que cuando él hubo acabado de hablar con Saúl, el alma de Jonathan quedo ligada con la de David, y lo amo a Jonathan como a sí mismo. No fue solo un vínculo espiritual, sino que se convirtió en un pacto porque Jonatán hizo un pacto con David.

1 Kings 8 v 48. And so return unto thee with all their heart, and with all their soul in the land of their enemies, which led them away captive, and pray unto thee toward their land which thou gavest unto their fathers, the city which thou hast chosen. and the house which I have built for their name.

Sin **is** the plague of our own hearts; If you **are** returning to the LORD with all your hearts, then rid yourselves of the foreign gods and Ashtoreths.

1 Reyes 8 v 48. Y si se convirtieren a ti de todo corazón y de toda su alma, en la tierra de sus enemigos que los hubieren llevado cautivos, y oraren a ti con el rostro hacia su tierra que tú diste a sus padres, y hacia la ciudad que tú elegiste y la casa que yo he edificado á tu nombre.

El pecado es la plaga de nuestros propios corazones; si os volvéis al SEÑOR de todo corazón, entonces deshaceos de los dioses extranjeros y de Astoret.

Job 16 v 4. I also could speak as ye do; if your soul were in my soul's stead, I could heap up words against you, and shake mine head at you.

It is a fact that we cannot, be in another soul nor would we speak as they do.

Job 16 v 4. También yo podría hablar como vosotros. Si vuestra alma estuviera en lugar de la mía; Yo podría hilvanar contra vosotros palabras.

Es un hecho que no podemos estar en otra alma ni hablaríamos como ellos.

Psalm 16 v 10. For thou will not leave my soul in hell; neither wilt thou suffer thine Holy one to see corruption. Neither wilt thou suffer thy beloved one to see the pit.

Salmo 16 v 10. Porque no dejarás mi alma en el Seol, ni permitirás que tu santo vea corrupción. Ni permitirás que tu amado vea el pozo.

Psalm 19 v 7. The law of the Lord is perfect, converting the soul; the testimony of the Lord is sure, making wise the simple. We know the Lord's law is perfect, but we to have help people understand the soul, and only God can convert them if they are willing to accept him as the true God.

Salmo 19 v 7. La ley de Jehová es perfecta, que convierte el alma: El testimonio de Jehová, es fiel, que hace sabio al pequeño. Sabemos que la ley del Señor es perfecta, pero debemos ayudar a las personas a comprender el alma, solo Dios puede convertirlos, si están dispuestos a aceptarlo como el Dios verdadero.

Ezekiel 18 v 4. Behold, all souls are mine, as the soul of the father, so also the soul of the son is mine, the soul that sinneth, it shall die. It tell sin that sin pays in death and God owns all our souls so put sin away from you and ask forgiveness and follow him.

Ezequiel 18 v 4. He aquí que todas las almas son mías; como el alma del padre, así el alma del hijo es mía; el alma que pecare, esa morirá. Dile al pecado que el pecado paga con la muerte y que Dios es dueño de todas nuestras almas, así que aparta el pecado de ti, pide perdón y síguelo.

Matthew 10 v 28. And fear not them which kill the body, but are not able to kill the soul; but rather fear him which is able to destroy both soul and body in hell. Think about who that could be.

Mateo 10 v 28. Y no temáis a los que matan el cuerpo, mas el alma no pueden matar: temed mas bien a aquel que puede destruir el alma y el cuerpo en el infierno. Piensa en quién podría ser.

Mark 8 v 36. For what shall it profit a man, if he shall gain the whole world, and lose his own soul? It is not a good thing for man.

Marcos 8 v 36. Porque ¿qué aprovechará al hombre, si granjeare todo el mundo, y pierde su alma? No es bueno para el hombre.

John 12 v 27. Now in my soul troubled, and what shall I say? Father, save me from this hour, but for this cause. Why is it that some people seem to call on him only when they are in trouble, we need to talk to him all the time through the good times and the bad times.

Juan 12 v 27. Ahora está turbada mi alma; ¿y qué diré? ¿Padre, sálvame de esta hora.? Mas para esto he llegado a esta hora. ¿Por qué algunas personas parecen llamarlo solo cuando están en problemas? Necesitamos hablar con él todo el tiempo en los buenos y malos momentos.

Luke 1 v 46. And Mary said, my soul doth magnify the Lord. She was a true believer in the Lord she had faith.

Lucas 1 v 46. Entonces María dijo: Engrandece mi alma al Señor. Ella era una verdadera creyente en el Señor, ella tenía fe.

1 Thessalonians 5 v 23. And the very God of peace sanctify you wholly; and I pray God your whole spirit and soul and body be preserved blameless unto the coming of our Lord Jesus Christ.

We are to do the best to take care in many ways the body, the mind and the spirit.

1 Tesalonicenses 5 v 23. Y el Dios de paz os santifique por completo; y todo vuestro ser, espíritu, alma y cuerpo sea guardado irreprensible para la venida de nuestro Señor Jesucristo.

Estamos para hacer lo mejor para cuidar de muchas maneras el cuerpo, la mente y el espíritu.

Romans 13 v 1. Let every soul be subject into the higher powers. For there is not power but of God; the powers that be are ordained of God. Just think he is the higher power and all is ordained by him.

Romanos 13 v 1. Sométase toda persona a las autoridades superiores; porque no hay autoridad sino de parte de Dios; y las que hay, por Dios han sido establecidas. Solo piensa que él es el poder superior y que todo está ordenado por él.

Hebrews 4 v 12. For the word of God is quick, and powerful, and sharper than any two edged sword, piercing even to the dividing asunder of soul and spirit, and of the joints and marrow, and is a discerner of the thoughts and intents of the heart. He is able to judge the ideas and thoughts of the heart.

Hebreos 4 v 12. Porque la palabra de Dios es viva y eficaz, y más cortante que toda espada de dos filos: y penetra hasta partir el alma, y el espíritu, las coyunturas y tuétanos, y discierne los pensamientos y las intenciones del corazón. Es capaz de juzgar las ideas y pensamientos del corazón.

Proverbs 11 v 30. The fruit of the righteous is a tree of life; and he that winneth souls is wise. So if we help people to see the righteous and winneth the soul for Christ it is a wise thing.

Proverbios 11 v 30. El fruto del justo es árbol de vida: Y el que salva almas, es sabio. Entonces, si ayudamos a las personas a ver a los justos y ganamos el alma para Cristo, es algo sabio.

1 Peter 4 v 19. Wherefore let them that suffer according to the will of God commit the keeping of their souls to him in well doing, as unto faithful Creator. It is good to commit keeping our soul to him.

1 Pedro 4 v 19. Por eso los que son afligidos según la voluntad de Dios, encomiéndenle sus almas, como á fiel Creador, haciendo bien. Es bueno comprometerse manteniendo nuestro espíritu con él.

2 Peter 2 v 14. Having eyes full of adultery, and that cannot cease from sin; beguiling unstable souls and heart they have exercised with covetous practices; cursed children. Go to God in prayer and accept him as your personal savior and ask forgiveness and he will set you free from the sin.

2 Pedro 2 v 14. Tienen los ojos llenos de adulterio, no se sacian de pecar, seducen a las almas inconstantes, tienen el corazón habituado a la codicia, y son hijos de maldición. Acude a Dios en oración y acéptalo como tu salvador personal y pide perdón y sé libre de esos pecados.

Jeremiah 12 v 7. I have forsaken mine house, I have left mine heritage; I have given the dearly beloved of my soul into the hand of her enemies. Is he telling us not to trust people even though they say good things about you and have forsaken you otherwise.

Jeremías 12 v 7. He dejado mi casa, desamparé

mi heredad, he entregado lo que amaba mi alma en mano de sus enemigos. ¿Nos está diciendo que no confiemos en las personas, aunque digan cosas buenas sobre ti y te hayan abandonado de otra manera?

CHAPTER FOUR

We will now talk about the spirit.

Capítulo Cuatro

Ahora hablaremos sobre el espíritu.

We will now talk about the spirit.

Ahora hablaremos del espíritu.

John 3 v 5. Jesus answered, verily, verily, I say unto thee, except a man be born of water and of the Spirit, he cannot enter into the kingdom of God. We must be baptism of the water and the Spirit shall come upon you as a new person in Christ.

Juan 3 v 5. Respondió Jesús: De cierto, de cierto te digo, que el que no naciere del agua y del Espíritu, no puede entrar en el reino de Dios. Debemos ser bautizados en agua y el Espíritu vendrá sobre ti como una nueva persona en Cristo.

Acts 6 v 10. And they were not able to resist the wisdom and thee spirit by which he spoke. They were disputing with Stephen but they were not able to overcome the wisdom and the spirit by his words.

Hechos 6 v 10. Pero no podían resistir a la sabiduría y al espíritu con que hablaba. Estaban discutiendo con Esteban, pero no pudieron vencer la sabiduría y el espíritu por sus palabras.

Jude 1 v 19. These be they who separate themselves, sensual, having not the Spirit.

When sensual is there is no spirit within oneself. God want no one to parish, God can change your life if you are willing.

Judas 1 v 19. Estos son los que causan divisiones; los sensuales, que no tienen al Espíritu.

Dios quiere que nadie se pierda. Dios puede cambiar tu vida si estás dispuesto.

Jude 1 v 20. But ye, beloved, building up yourselves on your most holy faith, praying in the Holy Ghost.

We must pray with an open heart and in the Holy Ghost, because God is Spiritual.

Judas 1 v 20. Pero vosotros, amados, edificando en vuestra santísima fe, orando en el Espíritu Santo.

Debemos orar con un corazón abierto y en el Espíritu Santo poque Dios es Espiritual.

Romans 8 v 6. For to be carnally minded is death; but to be spiritually minded is life and peace. It is for carnally is not spiritual; merely human; temporal; worldly: a man of secular, carnal, leanings.

The carnal mind is deadly, and the spiritual mind is Godly and brings forth life.

Romanos 8 v 6. Porque el ocuparse de la carne es muerte, pero el ocuparse del Espíritu es vida y paz. La mente carnal es mortal y la mente espiritual es piadosa y da vida.

1 Corinthians 2 v 14. But the natural man receiveth not the things of the Spirit of God; for they are

foolishness unto him; neither can he know them, because they are spiritually discerned.

The fact is that a natural man can not understand the spiritually things he is blind to it until he becomes spiritual.

1 Corintios 2 v 14. Pero el hombre natural no percibe las cosas que son del Espíritu de Dios, porque para el son locura, y no las puede entender, porque se han de discernir espiritualmente. El hecho es que un hombre natural no puede entender las cosas espirituales, está ciego hasta que se vuelve espiritual.

1 Peter 3 v 4. But let it be the hidden man of the heart, in that which is not corruptible, even the ornament of a meek and quiet spirit, which is in the sight of God of great price.

The hidden man of the heart consists of a series from the mind presentations on the place of the heart in the spiritual life of a person.

1 Pedro 3 v 4. Sino en interno, el del corazón, en el incorruptible adorno de un espíritu agradable y apacible, que es de gran estima delante de Dios.

El ser humano parece que esconde muchas cosas en su corazón, y ello afecta la vida espiritual de esa persona.

Genesis 6 v 3. And the Lord said, my spirit shall not always strive with man, for that he also is flesh; yet his days shall be a hundred and twenty years. He was grieved to the point of wiping mankind off the face of the earth.

Génesis 6 v 3. Y dijo Jehová: No contenderá mi espíritu con el hombre para siempre, porque ciertamente él es carne: mas serán sus días ciento veinte años. Se entristeció hasta el punto de borrar a la humanidad de la faz de la tierra.

Exodus 35 v 21. And they came, everyone whose heart stirred him up, and everyone whom his spirit made willing, and they brought the Lords' offering to the work of the tabernacle of the congregation, and for all his service, and for the holy garments.

They were endowed with a free and liberal spirit, and was heartily willing to bear a part, and cheerfully contribute to this service; otherwise, the willing mind, as well as the ability, were given them of God.

Éxodo 35 v 21 Y vino todo varón a quien su corazón estimuló, y todo aquel a quien su espíritu le dió voluntad, con ofrenda a Jehová para la obra del tabernáculo de reunión y para toda su obra, y para las sagradas vestiduras.

Estaban dotados de un espíritu libre, y estaban de todo corazón dispuestos a tomar parte y contribuir alegremente a este servicio; de lo contrario, la mente dispuesta, así como la capacidad, les fueron dadas por Dios.

Numbers 14 v 24. But my servant Caleb, because he had another spirit with him, and hath followed me fully, him will I bring into the land where into he went; and his seed shall possess it.

God is giving this land because he follows the Lord.

Números 14 contra 24. Pero a mi siervo Caleb,

por cuanto hubo en él otro espíritu, y decidió ir en pos de mi, yo le meteré en la tierra donde entró y su descendencia la tendrá por posesión.

Dios le está dando esta tierra porque sigue al Señor.

2 Kings 2 v 9. And it came to pass, when they were gone over, that Elijah said unto Elisha, ask what I shall do for thee, before I be taken away for thee. And Elisha said, I pray thee, let a double portion of the spirit be upon me. He was asking to be blessed with his prayers that a double portion be given him of the spirit.

2 Reyes 2 v 9. Cuando habían pasado, Elías dijo a Eliseo: Pide lo que quieras que haga por ti, antes que yo sea quitado de ti. Y dijo Eliseo: Te Ruego que una doble porción de tu espíritu sea sobre mí. Estaba pidiendo ser bendecido con sus oraciones para que se le diera una doble porción del espíritu.

Job 26 v 13. By his spirit he hath garnished the heavens; his hand hath formed the crooked serpent.

God spirit has done all this.

Job 26 v 13. Su espíritu adornó los cielos; Su mano creo la serpiente tortuosa.

El espíritu de Dios ha hecho esto.

Job 32 v 8. But there is a spirit in man; and the inspiration of Almighty giveth them understanding. Though his spirit we can understand the words he gives to us.

Job 32 v 8. Ciertamente espíritu hay en el hombre, y el soplo del Omnipotente le hace que entiendan. A través de su espíritu podemos tener entendimiento de las palabras que nos da.

Psalms 31 v 5. Into thine hand I commit my spirit; thou hast redeemed me, O Lord God of truth. This was on the cross as he commits his spirit to his Father in heaven.

Salmos 31 v 5. En tu mano encomiendo mi espíritu: Tú me has redimido, oh, Jehová, Dios de verdad.

Esto fue en la cruz cuando entregó su espíritu a su Padre en el cielo.

Psalms 32 v 2. Blessed in the man unto whom the Lord imputeth not iniquity, and in whose spirit, there is not guile.

He wants us to be like him in every way possible.

Salmos 32 v 2. Bienaventurado el hombre a quien Jehová no culpa de iniquidad, y en cuyo espíritu no hay engaño.

Él quiere que seamos como él en todas las formas posibles.

Psalms 51 v 10. Create in me a clean heart, O God; and renew a right spirit within me.

He wants to do that for us just pray to him and ask.

Salmos 51 v 10. Crea en mí, oh Dios, un corazón limpio, y renueva un espíritu recto dentro de mí.

Él quiere hacer eso por nosotros, solo ora y pídeselo.

Psalms 139 v 7. Whither shall I go from thy spirit? or whither shall I flee from thy presence?

To what place can you, and never flee from God's spirit.

Salmos 139 v 7. ¿Adónde me iré de tu espíritu? ¿Y adónde huiré de tu presencia?

A qué lugar podrás huir, y nunca escapar del espíritu de Dios.

Psalms 142 v 3. When my spirit was overwhelmed within me, then thou knewest my path. In the way wherein I walked have they privily laid a snare for me.

God knows when we are ready to sink under the present affliction.

Salmos 142 v 3. Cuando mi espíritu se angustiaba dentro de mí, tú conociste mi senda. En el camino en que andaba, me escondieron lazo.

Dios sabe cuándo estamos listos para hundirnos bajo la aflicción.

Ecclesiastes 3 v 21. Who knoweth the spirit of man that goeth upward, and the spirit of the beast that goeth downward to the earth?

Only God has the knowledge.

Eclesiastés 3 v 21. ¿Quién sabe que el espíritu de los hijos de los hombres suba, y que el espíritu del animal desciende debajo de la tierra

Solo Dios sabe eso.

Leviticus 19 v 31. Regard not them that have familiar spirits, neither seek after wizards, to be defiled by them; I am the Lord your God.

Yes, he is Our Lord and wants us to stay away from these things and not to defile ourselves.

Levítico 19 v 31. No os volváis a los encantadores ni a los adivinos; no los consultéis, ensuciándoos con ellos. Yo Jehová vuestro Dios.

Sí, él es Nuestro Señor y quiere que nos mantengamos alejados de estas cosas para no contaminarnos.

Psalms 143 v 7. Hear me speedily, O Lord, my spirit faileth; hide not they face from me, lest I be like unto them, that go down into the pit.

David is talking to God and asking him to stay with him in spirit.

Salmos 143 v 7. Respóndeme presto, oh, Jehová, porque desmaya mi espíritu: No escondas de mí tu rostro, No venga yo a ser semejante a los que descienden a la sepultura.

David está hablando con Dios y pidiéndole que se quede con él en espíritu.

Proverbs 16 v 18. Pride goeth before destruction, and a haughty spirit before a fall.

Be not prideful of oneself or a haughty spirit for it will cause you to fall.

Proverbios 16 v 18. Antes del quebrantamiento es la soberbia, y antes de la caída la altivez de espíritu.

No se enorgullezcan de sí mismos ni tengan un

espíritu altivo porque eso los hará caer.

Isaiah 11 v 2. And the spirit of the Lord shall rest upon him, the spirit of wisdom and understanding, the spirit of counsel and might, the spirt of knowledge and of the fear of the Lord.

Isaiah was called by God to deliver his words to Israel but also God has a message here for us.

Isaías 11 v 2. Y reposará sobre él, el Espíritu de Jehová; espíritu de sabiduría y de inteligencia, espíritu de consejo y de poder, espíritu de conocimiento y de temor de Jehová.

Isaías fue llamado por Dios para entregar sus palabras a Israel, pero también Dios tiene un mensaje para nosotros.

Isaiah 32 v 15. Until the spirit be poured upon us from on high, and the wilderness be a fruitful field, and the fruitful field be counted for a forest. Once his divine spirit comes to us, everything is changed, and the field is counted as a forest.

Isaías 32 v 15. Hasta que sobre nosotros sea derramado el Espíritu de lo alto, y el desierto se convierta en campo fértil, y el campo fértil sea estimado por bosque. Una vez que su espíritu divino viene a nosotros, todo cambia y el campo se cuenta como un bosque.

Malachi 2 v 15. God made husbands and wives to become one body and one spirit for his purpose, so, they would have children who are true to God.

Malaquías 2 v 15. ¿No hizo él uno, habiendo en él abundancia de espíritu? ¿Y por qué uno? Porque buscaba una descendencia para Dios. Guardaos, pues, en vuestros espíritus, y no seáis desleales para con la mujer de vuestra juventud.

Debemos tener cuidado con nuestro espíritu y que no tratemos con traición.

Matthew 26 v 41. Watch and pray, that ye enter not into temptation; the spirit indeed is willing, but the flesh is weak.

Yes, our human nature is weak because it is flesh but the spirit willing so the test goes on.

Mateo 26 v 41. Velad y orad, para que no entréis en tentación: el espíritu a la verdad está dispuesto, pero la carne es débil.

Sí, nuestra naturaleza humana es débil porque es carne, pero el espíritu está dispuesto para que la prueba continúe.

Luke 1 v 80. "And the child grew, and become strong in spirit, and was in the wilderness until the day of his public appearance to Israel."

Lucas 1 v 80. Y el niño crecía, y se fortalecía en espíritu: y estuvo en lugares desiertos hasta el día de su manifestacion a Israel.

Luke 2 v 27. And he came by the Spirit into the temple; and when the parents brought in the child Jesus, to do for him after the custom of the law. The law was circumcising of a child at a certain day after being born about eight days and his name was Jesus and they did offer sacrifice also which is in the law there were turtledoves, or two young pigeons.

Lucas 2 v 27. Y movido por Espíritu vino al templo. Y cuando los padres del niño Jesús lo trajeron al templo, para hacer por él conforme al rito de la ley. La ley era circuncidar a un niño en cierto día después de nacer como a los ocho días y su nombre era Jesús y también ofrecieron sacrificio que está en la ley eran tórtolas, o dos pichones.

Luke 24 v 39. Behold my hands and my feet, that it is I: handle me, and see, for a spirit hath not flesh and bones, as ye see me have. Remember after he arose and came to them, and he spoke to them saying why are you troubled.

Lucas 24 v 39. Mirad mis manos y mis pies, que yo mismo soy: palpad, y ved; porque un espíritu no tiene carne ni huesos, como veis que yo tengo. Acordaos después de que se levantó y vino a ellos y les habló diciendo por qué estáis turbados.

1 Corinthians 2 v 10. But God hath revealed them unto us by his Spirit: for the spirit searcheth all thing, yea, the deep things of God. God does reveal the thing of the Spirit to those who have his Spirit.

1 Corintios 2 v 10. Pero Dios nos lo reveló a nosotros por el Espíritu: porque el Espíritu todo lo escudriña, aun lo profundo de Dios. Dios sí revela la cosa del Espíritu a aquellos que tienen su Espíritu. Dios sí revela la cosas del Espíritu a aquellos que tienen su Espíritu.

1 Corinthians 5 v 3.   For I verily, as absent in body, but present in spirit, have judged already, as though I were present, concerning him that hath so done this deed.   For my part, even though I am not physically present, I am with you in spirit. As one who is present with you in this way, I have already passed judgment in the name of our Lord Jesus on the one who has been doing this.

1 Corinthians 5 v 3. Y Ciertamente, yo como ausente en cuerpo, pero presente en espíritu, ya como presente he juzgado al que tal cosa ha hecho. Por mi parte, aunque no estoy físicamente presente, estoy con vosotros en espíritu. Como alguien que está presente con ustedes de esta manera, ya he juzgado en el nombre de nuestro Señor Jesús al que ha estado haciendo esto.

2 Corinthians 3 v 3. Forasmuch as ye are manifestly declared to be the epistle of Christ minister by us, written not with ink, but with the Spirit of the living God: not in tables of stone, but in fleshy tables of the heart. You show that you are a letter from Christ, the result of our ministry, God within our heart.

2 Corintios 3 v 3. Siendo manifiesto que sois carta de Cristo expedida por nosotros, escrita no con tinta, sino con el Espíritu del Dios vivo; no en tablas de piedra, sino en tablas de carne del corazón. Siendo manifiesto que sois letra de Cristo administrada de nosotros, escrita no con tinta, más con el Espíritu del Dios vivo; no en tablas de piedra, sino en tablas de carne del corazón.

Galatians 3 v 3. Are ye so foolish? having begun in the Spirit, are ye now made perfect by the flesh? No, we are not made perfect in the flesh because the flesh is weak.

Gálatas 3 contra 3. ¿Tan necios sois? ¿Habiendo comenzado por el Espíritu, ahora vais a acabar por la carne? No, no somos hechos perfectos en la carne porque la carne es débil.

2 Timothy 4 v 22. The Lord Jesus Christ be with they spirit. Grace be with you. Amen. Yes, may the spirit of the Lord be us always.

2 Timoteo 4 v 22. El Señor Jesucristo este con tu espíritu. La gracia sea con vosotros Amen. Sí, que el espíritu del Señor nos acompañe siempre. Debemos ser firmes en nuestra fe en Cristo.

1 Thessalonians 5 v 23. And the very God of peace sanctify you wholly; and I pray God your whole spirit and soul and body be preserved blameless unto the coming of our Lord Jesus Christ. We should do our best to be blameless unto the coming of the Lord.

1 Tesalonicenses 5 v 23. Y el mismo Dios de paz os santifique por completo, y todo; vuestro ser, espíritu, alma y cuerpo, sea guardado irreprensible para la venida de nuestro Señor Jesucristo. Debemos hacer todo lo posible para ser irreprensibles hasta la venida del Señor.

1 John 4 v 1. Beloved, believe not every spirit, but try the spirits whether they are of God, because many false prophets are gone out into the world. Look at today and what are some of the false prophets teaching it surely is not the truth test it to see it is truth from God's word.

1 Juan 4 v 1. Amados, no creáis a todo espíritu, sino probad los espíritus si son de Dios; porque muchos falsos profetas han salido por el mundo. Mire hoy y qué están enseñando algunos de los falsos profetas que no es la verdad, pruébelo para ver si es verdad de la palabra de Dios.

Ephesians 1 v 13. In whom ye also trusted, after that ye heard the word of truth, the gospel of your salvation; in whom also after that ye believed, ye were sealed with that holy Spirit of promise. Spirit of Promise is one which is ratified by the Holy Ghost; it is one which is approved by the **Lord**; and the person who has taken the obligation upon himself is justified by the Spirit in the thing he has done.

Efesios 1 v 13. En el también vosotros, habiendo oído la palabra de verdad, el evangelio de vuestra salvación y habiendo creído en él. fuisteis sellados con el Espiritu Santo de la promesa. Espíritu de Promesa es aquel que es ratificado por el Espíritu Santo; es uno que es aprobado por el Señor; y la persona que ha tomado la obligación sobre sí misma es justificada por el Espíritu en lo que ha hecho.

1 Peter 2 v 5. Ye also, as lively stones, are built up a spiritual house, and holy priesthood, to offer up spiritual sacrifices, acceptable to God by Jesus Christ. As being quickened by the Spirit, and active in holiness.

1 Pedro 2 v 5. Vosotros también, como piedras vivas, sed edificados como casa espitirual, y sacerdocio santo, para ofrecer sacrificios espirituales acceptables a Dios por medio de Jesucristo. Como siendo vivificados por el Espíritu, y activos en santidad.

Hebrews 4 v 12. For the word of God is quick, and powerful, and sharper than any two-edged sword, piercing even to the dividing asunder of soul and spirit, and is a discerner of the thoughts and intents of the heart. Just think how powerfull our Lord is as he knows every sould and spirit and thoughts that we think.

Hebreos 4 v 12. Porque la palabra de Dios es viva y eficaz, y mas cortante que toda espada de dos filos; y penetra hasta partir el alma y el espiritu, las coyunturas y los tuetanos y discierne los pensamientos y las intenciones del corazon. Solo piense cuán poderoso es nuestro Señor, ya que conoce cada alma, espíritu y pensamiento que tenemos.

Hebrews 12 v 23. To the general assembly and church of the firstborn, which are written in heaven, and to God the Judge of all, and to the spirits of just men made perfect. Here assembly here is *ekklēsia*, which is also frequently translated as "church and the spirits of the righteous made perfect" would appear to be an additional reference to the assembly of saved souls waiting for those who come to accept Christ.

Hebreos 12 v 23. Y á la congregación de los primogénitos que están alistados en los cielos, y á Dios el Juez de todos, y á los espíritus de los justos hechos perfectos. Aquí asamblea es iglesia, que también se traduce con frecuencia como "iglesia y los espíritus de los justos perfeccionados" parecería ser una referencia adicional a la asamblea de almas salvadas que esperan a los que vienen a aceptar a Cristo.

Provers 16 v 2. All the ways of man are clean in his own eyes but the Lord weigheth the spirits. We have a strange power of blinding ourselves as to what is wrong in ourselves and in our actions and He takes the inner man into account, estimates actions by motives, and so very often differs from our judgment of ourselves and of one another.

Proverbios 16 v 2. Todos los caminos del hombre son limpios en su opinión: Pero Jehová pesa los espíritus. Tenemos un extraño poder de cegarnos a nosotros mismos en cuanto a lo que está mal en nosotros y en nuestras acciones y Él toma en cuenta al hombre interior, estima las acciones por motivos, y muy a menudo difiere de nuestro juicio de nosotros mismos y de los demás.

1 Corinthians 14 v 32. And the spirits of the prophets are subject to the prophets. It is while the word that can be shared is from God from the prophets to us.

1 Corintios 14 v 32. Y los espíritus de los que profetas están, sujetos a los profetas. Es mientras que la palabra que se puede compartir es de Dios de los profetas para nosotros.

Ephesians 1 v 3. Blessed be the God and Father of our Lord Jesus Christ, who hath blessed us with all spiritual blessings in heavenly places in Christ. It means that union with Christ is the chief blessing that makes all other blessings possible.

Ephesians 1 v 3. Bendito sea el Dios y Padre de nuestro Señor Jesucristo, que nos bendijo con toda bendición espiritual en los lugares celestiales en Cristo. Significa que la unión con Cristo es la principal bendición que hace posibles todas las demás bendiciones.

Galatians 6 v 1. Brethren, if a man be overtaken in a fault, ye which are spiritual, restore such a one in the spirit of meekness; considering thyself, lest thou also be tempted. If someone is caught in a sin, you who live by the Spirit should restore that person gently. but keep yourself so you are not tempted.

Gálatas 6 v 1. Hermanos, si alguno fuere sorprendido en alguna falta, vosotros que sois espirituales, restauradle con espíritu de mansedumbre, considerándote a ti mismo, no sea que tu también seas tentado.

Si alguien es atrapado en un pecado, ustedes que viven por el Espíritu deben restaurar a esa persona con dulzura. pero consérvate para que no seas tentado.

CHAPTER FIVE
Capítulo Cinco

Let us look at some bible sayings about death, soul, and spirit

Echemos un vistazo a algunas citas bíblicas sobre la muerte, el alma y el espíritu.

Death is in the bible many times, here they are.

La muerte está citada en la Biblia muchas veces.

Numbers 23 v 10. Who can count the dust of Jacob, and the number of the fourth part of Israel? Let me die the death of the righteous, and let my last end be like this!

Números 23 V 10. ¿Quién contara el polvo de Jacob, o el número de la cuarta parte de Israel? Muera yo la muerte de los rectos, y mi postrimería sea como la suya.

Deuteronomy 30 v 15. See, I have set before thee this day life and good, and death and evil.

Deuteronomio 30 v 15. Mira, yo he puesto hoy delante de ti la vida y el bien, la muerte y el mal.

Psalms 68 6 v 5. For in death there is no remembrance of thee: in the grave who shall give thee thanks?

Salmos 68 6 v 5. Porque en la muerte no hay memoria de ti; En el Seol ¿quién te alabará?

Psalms 33 v 19. To deliver their soul from death, and to keep them alive in famine.

Salmos 33 v 19. Para librar su alma de la muerte, y conservarlos con vida en tiempos de hambre.

Psalms 116 v 8, For thou hast delivered my soul from death, mine eyes from tears, and my feet from falling.

Salmos 116 v 8. Pues tú has rescatado mi alma de la muerte, mis ojos de lágrimas, mis pies de tropezar.

Psalms 68 v 20. He that is our God is the God of salvation; and unto God the Lord belong the issues from death.

Salmos 68 v 20. El Dios nuestro es un Dios de salvación, y de Jehová el Señor es el librar de la muerte.

Psalms 89 v 48. What man is he that liveth, and shall not see death? Shall he deliver his soul from the hand of the grave? (death) Selah

Salmos 89 v 48. ¿Qué hombre vivira y no vera muerte? ¿Librara su vida del poder del Seol? (Selah)

Psalms 116 v 15. Precious in the sight of the Lord is the death of his saints.

Salmos 116 v 15. Estimada es a los ojos de Jehova La muerte de sus santos.

Proverbs 2 v 18. For her house inclineth unto death, and her paths unto the dead.

Proverbios 2 v 18. Por lo cual su casa esta

inclinada a la muerte, y sus veredas hacia los muertos.

Proverbs 18 v 21. Death and life are in the power of the tongue: and they that love it shall eat the fruit thereof.

Proverbios 18 v 21. La muerte y la vida están en poder de la lengua, y el que la ama comerá de su fruto.

Isaiah 25 v 8. He will swallow up death in victory; and the Lord God will wipe away tears from off all faces, and the rebuke of his people shall he take away from off all the earth for the Lord hath spoken it.

Isaías 25 v 8. Destruirá a la muerte para siempre; y enjugará Jehová el Señor toda lágrima de todos los rostros; y quitará la afrenta de su pueblo de toda la tierra, porque Jehova lo ha dicho.

Isaiah 28 v 15. Because ye have said, we have made a covenant with death, and with hell are we at agreement; when the overflowing scourge shall pass through, it shall not come unto us; for we have made lies our refuge, and under falsehood have we hid ourselves.

Isaías 28 v 15. Por cuanto habéis dicho: Pacto tenemos hecho con la muerte, e hicimos convenio con el Seol; cuando pase el turbion del azote, no nos alcanzará, porque hemos hecho de la mentira nuestro refugio y en el engaño nos hemos escondido.

Isaiah 38 v 18. For the grave cannot praise thee, death can not celebrate thee; they that go down into the pit cannot hope for thy truth.

Isaías 38 v 18. Porque el Seol no te exaltara ni te alabara la muerte ni los que descienden al sepulcro esperan tu verdad.

Ecclesiastes 7 v 26. And I find more bitter than death the woman, whose heart is snares and nets, and her hands as bands; who so pleased God shall escape for her; but the sinner shall be taken by her.

Eclesiastés 7 v 26. Y he hallado más amarga que la muerte a la mujer, cuyo corazón es lazos y sus manos como ligaduras. El que agrada a Dios escapará de ella; mas el pecador quedará en ella preso.

Jeremiah 8 v 3. And death shall be chosen rather than life by all the residue of them, that remain of this evil family, which remain in all the places whither I have driven them, saith the Lord of hosts.

Jeremías 8 v 3. Y escogeráse la muerte antes que la vida todo el resto que quede de esta mala generación, en todos los lugares adonde arroje yo a los que queden, dice Jehová de los ejércitos.

Jeremiah 21 v 8. And unto this people thou shalt say, thus saith the Lord; Behold, I set before you the way of life, and the way of death.

Jeremías 21 v 8. Y a este pueblo dirás: Así ha dicho Jehová: He aquí pongo delante de vosotros camino de vida y camino de muerte.

Ezekiel 18 v 32. For I have not pleasure in the death of whom death comes, says the Lord God: wherefore turn yourselves, and live ye.

Ezequiel 18 v 32. Porque no quiero la muerte del que muere, dice Jehova el Señor: convertíos, pues, y viviréis.

Ezekiel 33 v 11. Say unto them, As I live, saith the Lord God. I have no pleasure in the death of the wicked; but that the wicked turn from his way and live; turn ye, turn ye from your evil ways; for why will ye die, O house of Israel?

Ezequiel 33 v 11. Diles: "Vivo yo, dice Jehova el Señor, que no quiero la muerte del impío, sino que se vuelva el impío de su camino y viva. Volveos, volveos de vuestros malos caminos. ¿Por qué moriréis, oh casa de Israel?"

Hosea 13 v 14. I will ransom them from the power of the grave; I will redeem them from death; O death, I will be thy plagues, O grave, I will be they destruction; repentance shall be hid from mine eyes.

Oseas 13 v 14. De la mano del Seol los redimiré, los librare de la muerte. Oh muerte, yo sere tu muerte; y sere tu destruccion, oh Seol, la compasión sera escondida de mi vista.

Matthew 16 v 28. Verily I say unto you, there be some standing here, which shall not taste of death, till they see the Son of man coming in his kingdom.

Mateo 16 v 28. De cierto os digo que hay algunos de los que están aquí, que no gustarán la muerte, hasta que hayan visto al Hijo del Hombre viniendo en su reino.

John 5 v 24. Verily, verily, I say unto you, He that heareth my word, and beliveth on him that sent me, hath everlasting life, and shall not come unto condemnation, but is passed from death unto life.

Juan 5 v 24. De cierto, de cierto os digo: El que oye mi palabra, y cree al que me envió, tiene vida eterna: y no vendrá a condenación, más ha pasado de muerte a vida.

1 John 3 v 14. We know that we have passed from death unto life because we love the brethren. He that loveth not his brother abideth in death.

1 Juan 3 v 14. Nosotros sabemos que hemos pasado de muerte a vida, en que amamos a los hermanos. El que no ama a su hermano, permanece en muerte.

Acts 2 v 24. Whom God hath raised up, having loosed the pains of death, because it was not possible that he should be holden of it.

Hechos 2 v 24. Al cual Dios levantó, sueltos los dolores de la muerte, por cuanto era imposible que fuese retenido por ella.

Romans 5 v 12. Wherefore, as by one and sin entered into the world, and death by sin, and so death passed upon all man, for that all have sinned.

Romanos 5 v 12. Por tanto, como el pecado entró en el mundo por un hombre y por el pecado la muerte, así la muerte pasó a todos los hombres, por cuanto todos pecaron.

Romans 6 v 3. Know ye not, that so many of us were baptized into Jesus Christ were baptized into his death?

Romanos 6 v 3. ¿O no sabéis que todos los que hemos sido bautizados en Cristo Jesús, hemos sido bautizados en su muerte?

Romans 7 v 5. For when we were in the flesh, the motions of sins, which were by the law, did work in our members to bring forth fruit unto death.

Romanos 7 v 5. Porque mientras estábamos en la carne, las pasiones pecaminosas que eran por la ley obraban en nuestros miembros llevando fruto para muerte.

1 Corinthians 3 v 22. Whether Paul, or Apollos, or Cephas, or the world, or life, or death, or things present, or things to come all are yours.

1 Corintios 3 v 22. Sea Pablo, sea Apolos, sea Cefas, sea el mundo, sea la vida, sea la muerte, sea lo presente, sea los por venir; todo es vuestro.

1 Corinthians 11 v 26. For as often as ye eat this bread, and drink this cup, ye do shew the Lord's death till he come.

1 Corintios 11 v 26. Así. pues, todas las veces que comiereis este pan, y bebiereis esta copa, la muerte del Señor anunciáis hasta que el venga.

1 Corinthians 15 v 21. For since by man came death, by man also come the resurrection of the dead.

1 Corintios 15 v 21. Porque por cuanto la muerte entró por un hombre, también por un hombre la resurrección de los muertos.

1 Corinthians 15 v 56. The sting of death is sin, and the strength of sin is the law.

1 Corintios 15 v 56. Ya que el aguijón de la muerte es el pecado, y el poder del pecado, la ley.

2 Corinthians 1 v 9. But we had the sentence of death in ourselves, that we should not trust in ourselves, but in God which raised the dead.

2 Corintios 1 v 9. Pero tuvimos en nosotros mismos sentencia de muerte, para que no confiásemos en nosotros mismos, sino en Dios que resucita a los muertos.

Hebrews 2 v 9. But we see Jesus, who was made a little lower that the angels for the suffering of death crowned with glory and honour, that he by the grace of God should taste death for every man.

Hebreos 2 v 9. Pero vemos a aquel que fue hecho un poco menor que los ángeles, a Jesus, coronado de gloria y de honra, a causa del padecimiento de la muerte; para que por la gracia de Dios gustase la muerte por todos.

Luke 2 v 26. And it was revealed unto him by the Holy Ghost, that he should not see death, before he had seen the Lord's Christ.

Lucas 2 v 26. Y le había sido revelado por del Espíritu Santo, que no vería la muerte antes que viese al Ungido del Señor.

James 1 v 15. Then when lust hath conceived, it bringeth forth sin; and sin, when it is finished, bringeth forth death.

Santiago 1 v 15. Entonces la concupiscencia, después que ha concebido, da a luz el pecado: y el pecado, siendo consumado, da a luz la muerte.

James 5 v 20. Let him know, that he which converted the sinner from the error of his ways shall save a soul from death and shall hide a multitude of sins.

James 5 v 20. Sepa que el que haga volver al pecador del error de su camino, salvará de muerte un alma, y cubrirá multitud de pecados.

1 John 5 v 16. If any man sees his brother sin a sin which is not unto death, he shall ask, and he shall give him life for them that sin not unto death. There is a sin unto death: I do not say that he shall pray for it.

1 John 5 v 16. Si alguno viere a su hermano cometer pecado que no sea de muerte, pedirá y Dios le dará vida; esto es para los que cometen pecado que no sea de muerte. Hay pecado de muerte, por el cual yo no digo que pida.

1 Peter 3 v 18. For Christ also hath once suffered for sins, the just for the unjust, that he might bring us in to God, being put to death in the flesh, but quickened by the Spirit.

1 Pedro 3 v 18. Porque también Cristo padeció una sola vez por los pecados, el justo por los injustos, para llevarnos a Dios, siendo a la verdad muerto en la carne, pero vivificado por el Espíritu.

Revelation 1 v 18. I am he that liveth, and was dead, and behold, I am alive for evermore, Amen, and have the keys of hell and of death.

Apocalipsis 1 v 18. Y el que vivo, y estuve muerto; mas he aquí que vivo por los siglos de siglos, amén. Y tengo las llaves de la muerte y del Hades.

Revelation 21 v 8. But the fearful, and unbelieving, and the abominable, and murderers, and whoremongers, and sorcerers, and idolaters, and all liars, shall have their part in the lake which burnet with fire and brimstone; which is the second death.

Apocalipsis 21 v 8. Pero los cobardes e incrédulos, los abominables y homicidas, los fornicarios y hechiceros, los idólatras y todos los mentirosos tendrán su parte en el lago que arde con fuego y azufre; que es la muerte segunda.

Revelation 12 v 11. And they overcame him by the blood of the Lamb, and by the word of their testimony; and they loved not their lives unto the death.

Apocalipsis 12 v 11. Y ellos le han vencido por medio de la sangre del Cordero, y de la palabra del testimonio; de ellos, y menospreciaron sus vidas hasta la muerte.

Revelation 2 v 10. Fear none of those things which thou shall suffer behold, the devil shall cast some of you into prison, that ye may be tried; and ye shall have tribulation ten days; be thou faithful unto death, and I will give thee a crown of life.

Apocalipsis 2 v 10. No temas en nada de lo que vas a padecer. He aquí, el diablo echará a algunos de vosotros en la cárcel, para que seáis probados; y tendréis tribulación por diez días. Sé fiel hasta la muerte, y yo te daré la corona de la vida.

CHAPTER SIX

Capitulo Seis

Now to the soul.

Ahora al alma.

Remember without a soul there is no life.

Recuerda que sin alma no hay vida.

Genesis 2 v 7. It all started here. And the Lord god formed, man of the dust of the ground, and breathed into his nostrils the breah of life and man became a living soul.

Génesis 2 v 7. Todo comenzó aquí. Entonces Jehová Dios formó al hombre del polvo de la tierra, y sopló en su nariz aliento de vida y fue el hombre un ser viviente.

Exodus 30 v 12. When thou takest the census of the children of Israel for their number, then shall they give every man a ransom for his soul unto the Lord, when thou numberest them; that there be no plague among them, when thou numberest them.

Éxodo 30 v 12. Cuando tomes el número de los hijos de Israel conforme a la cuenta de ellos, cada uno dará a Jehová el rescate de su persona, cuando los cuentes, para que no haya en ellos mortandad cuando los hayas contado.

Deuteronomy 11 v 13. And it shall come to pass, if ye shall harken diligently unto my commandments which I command you this day, to love the Lord your God, and to serve him with all your heart and with all your soul.

Deuteronomio 11 v 13. Si obedeciereis cuidadosamente a mis mandamientos que yo os prescribo hoy, amando a Jehová vuestro Dios, y sirviéndolo con todo vuestro corazón, y con toda vuestra alma.

Deuteronomy 13 v 3. Thou shalt not hearken unto the words of that prophet, or that dreamer of dreams; for the Lord your God proved you, to know whether ye love the Lord your God with all your heart and with all your soul.

Deuteronomio 13 v 3. No darás oído a las palabras de tal profeta, ni al tal soñador de sueños: porque Jehová vuestro Dios os esta probando, para saber si amáis a Jehová vuestro Dios con todo vuestro corazón, y con toda vuestra alma.

Joshua 22 v 5. But take diligent heed to do the commandment and the law, which Moses the servant of the Lord charged you, to love the Lord your God, and to walk in all his ways, and to keep his commandments, and to cleave unto him, and to serve him with all your heart and with all your soul.

Joshua 22 v 5. Solamente que con diligencia cuidéis de cumplir el mandamiento y la ley, que Moisés siervo de Jehová os ordenó: que améis a Jehová vuestro Dios, y andéis en todos sus caminos; que guardéis sus mandamientos, y le sirváis a él y le sirváis de todo vuestro corazón y de toda vuestra alma.

1 Kings 2 v 4. That the Lord may continue his word which he spoke concerning me, saying. If thy children take heed to their way, to walk before me in truth with all their heart and with all their soul, there shall not fail thee (said he) a man on the throne of Israel.

1 Reyes 2 v 4. Para que confirme Jehová la palabra que me habló, diciendo: Si tus hijos guardaren mi camino, andando delante de mí con verdad, de todo su corazón, y de toda su alma, jamás, dice, faltará a ti varón en el trono de Israel.

Mark 12 v 33. And to love him with all the heart and with all the understanding, and with all the soul, and with all the strength, and to love his neighbor as himself, is more than all whole burnt offerings and sacrifices.

Marcos 12 v 33. Y el amarlo con todo el corazón y con todo el entendimiento, con toda el alma y con todas las fuerzas, y amar al prójimo como a uno mismo, es más que todos los holocaustos y sacrificios.

1 Samuel 18 v 1. And it came to pass, when he had made an end of speaking unto Saul, that the soul of Jonathan was knit with the soul of David, and Jonathan loved him as his own soul.

1 Samuel 18 v 1. Aconteció que cuando él hubo acabado de hablar con Saúl, el alma de Jonathan quedo ligada con la de David, y lo amó Jonathan como a sí mismo.

1 Kings 8 v 48. And so return unto thee with all their heart, and with all their soul, in the land of their enemies, which led them away captive, and pray unto thee toward their land, which thou gives unto their fathers the city which thou hast chosen, and the house which I have built for thy name.

1 Reyes 8 v 48. Y si se convirtieren a ti de todo su corazón y de toda su alma, en la tierra de sus enemigos que los hubieren llevado cautivos, y oraren a ti con el rostro hacia su tierra, que tú diste a sus padres, y hacia la ciudad que tú elegiste y la casa que yo he edificado a tu nombre.

1 Chronicles 22 v 19. Now set your heart and your soul to seek the Lord your God; arise therefore, and build ye the sanctuary of the Lord God, to bring the ark of the covenant of the Lord, and the holy vessels of God, into the house that is to be built to the name of the Lord.

1 Crónicas 22 v 19. Poned, pues, ahora vuestros corazones y vuestros ánimos en buscar a Jehová vuestro Dios; y levantaos, y edificad el santuario del Jehová Dios, para traer el arca del pacto de Jehová, y los utensilios consagrados a Dios, a la casa edificada al nombre de Jehová.

Job 16 v 4. I also could speak as ye do: if your soul were in my soul's stead, I could heap up words against you and shake mine head at you.

Job 16 v 4. También yo podría hablar como vosotros. Si vuestra alma estuviera en lugar de la mía; Yo podria hilvanar contra vosotros palabras.

Psalms 16 v 10. For thou wilt not leave my soul in hell; neither wilt thou suffer thine Holy One to see corruption.

Salmos 16 v 10. Porque no dejarás mi alma en el Seol, Ni permitirás que tu santo vea corrupción.

Psalms 19 v 7. The law of the Lord is perfect, converting the soul: the testimony of the Lord is sure, making wise the simple.

Salmos 19 v 7. La ley de Jehová es perfecta, que convierte el alma: El testimonio de Jehová, es fiel, que hace sabio al sencillo.

Ezekiel 18 v 4. Behold, all souls are mine, as the soul of the father, so also the soul of the son is mine: the soul that sinneth, it shall die.

Ezequiel 18 v 4. He aquí que todas las almas son mías; como el alma del padre, así el alma del hijo es mía; el alma que pecare, esa morirá.

Matthew 10 v 28. And fear not them which kill the body, but are able to kill the soul; but rather fear him which is able to destroy both soul and body in hell.

Mateo 10 v 28. Y no temáis a los que matan el cuerpo, mas el alma no pueden matar: temed mas bien a aquel que puede destruir el alma y el cuerpo en el infierno.

Mark 8 v 36. For what shall it profit a man, if he shall gain the whole world and lose his own soul?

Marcos 8 v 36. Porque ¿qué aprovechará al hombre si ganare todo el mundo y perdiere su alma?

John 12 v 27. Now is my soul troubled; and what shall I say? Father, save me from this hour, but for this cause came I unto this hour.

Juan 12 v 27. Ahora está turbada mi alma; ¿y qué diré? ¿Padre, sálvame de esta hora? Mas por esto he llegado a esta hora.

1 Thessalonsians 5 v 23. And the very God of peace sanctify you wholly; and I pray God your whole spirit and soul and body be preserved blameless unto the coming of our Lord Jesus Christ.

1 Tesalonicenses 5 v 23. Y el mismo Dios de paz os santifique por completo; y todo vuestro ser, espíritu, alma y cuerpo sea guardado irreprensible para la venida de nuestro Señor

Jesucristo.

Luke 1 v 46. And Mary said, my soul doth magnify the Lord.

Lucas 1 v 46. Entonces María dijo: engrandece mi alma al Señor.

Romans 13 v 1. Let every soul be subject unto the higher powers. For there is not power but of God; the powers that be are ordained of God.

Romanos 13 v 1. Sométase toda persona a las autoridades superiores; porque no hay autoridad sino de parte de Dios, y las que hay, por Dios han sido establecidas.

Hebrews 4 v 12. For the word of God is quick, and powerful, and sharper than any two edged sword, piercing even to the dividing asunder of soul and spirit, and of the joints and marrow, and is a discerner of the thoughts and intents of the heart.

Hebreos 4 v 12. Porque la palabra de Dios es viva y eficaz, y más cortante que toda espada de dos filos, y penetra hasta partir el alma y el espíritu, las coyunturas y los tuétanos, y discierne los pensamientos y las intenciones del corazón.

Proverbs 11 v 30. The fruit of the righteous is a tree of life; and he that winneth souls is wise.

Proverbios 11 v 30. El fruto del justo es árbol de vida; y el que gana almas es sabio.

1 Peter 4 v 19. Wherefore let them that suffer according to the will of God commit the keeping of their souls to him well doing, as unto a faithful Creator.

1 Pedro 4 v 19. De modo que los que padecen según la voluntad de Dios, encomienden sus almas al fiel Creador, y hagan el bien.

Jeremiah 12 v 7. I have forsaken mine house, I have left mine heritage; I have given the dearly beloved of my soul into the hand of her enemies.

Jeremías 12 v 7. He dejado mi casa, desamparé mi heredad, entregado lo que amaba mi alma en manos de sus enemigos.

CHAPTER SEVEN
The Spirit

Capítulo Siete
El Espíritu

Now we will go over the verses for the Spirit.

Ahora repasaremos los versículos para el Espíritu.

Genesis 6 v 3. And the Lord said, my spirit shall not always strive with man, for that he also in flesh; yet his days shall be hundred and twenty years.

Génesis 6 v 3. Y dijo Jehová: No contenderá mi espíritu con el hombre para siempre, porque ciertamente él es carne: mas serán sus días ciento y veinte años.

Exodus 35 v 21. And they came, everyone whose heart stirred him up, and everyone whom his spirit made willing, and they bought the Lord's offering to the work of the tabernacle of the congregation, and for all his service, and for the holy garments.

Éxodo 35 v 21. Y vino todo varón a quien su corazón estimuló, y todo aquel a quien su espíritu le dio voluntad, con ofrenda a Jehová para la obra del tabernáculo de reunión y para toda su obra, y para las sagradas vestiduras.

Numbers 14 v 24. But my servant Caleb, because he had another spirit with him, and hath followed me fully, him will I bring into the land where into he went; and his seed shall possess it.

Números 14 contra 24. Pero a mi siervo Caleb, por cuanto hubo en él otro espíritu, y decidio ir en pos de mi, yo le meteré en la tierra donde entró, y su descendencia la tendrá en posesión.

2 Kings 2 v 9. And it came to pass, when they were gone over, that Elijah said unto Elisha, ask what I shall do for thee, before I be taken away from thee. And Elisha said. I pray thee, let a double portion of the spirit be upon me.

2 Reyes 2 v 9. Cuando habían pasado, Elías dijo a Eliseo: Pide lo que quieres que haga por ti, antes que yo sea quitado de ti. Y dijo Eliseo: Te Ruego que una doble porción de tu espíritu sea sobre mí.

Job 26 v 13. By his spirit he hath garnished the heavens; his hand hath formed the crooked serpent.

Job 26 v 13. Su espíritu adornó los cielos; Su mano crió la serpiente tortuosa.

Job 32 v 8. But there is a spirit in man; and the inspiration of the Almighty giveth them understanding.

Job 32 v 8. Ciertamente espíritu hay en el hombre, Y el soplo del Omnipotente le hace que entienda.

Psalms 31 v 5. Into thin hand I commit my spirit: thou have redeemed me, Lord, God of truth.

Salmos 31 v 5. En tu mano encomiendo mi espíritu; Tú me has redimido, oh, Jehová, Dios de verdad.

Psalms 32 v 2. Blessed is the man unto whom the Lord imputed not iniquity, and in whose spirit, there is not guile.

Salmos 32 v 2. Bienaventurado el hombre a quien Jehová no culpa de iniquidad, y en cuyo espíritu no hay engaño.

Psalms 51 v 10. Create in me a clean heart, O God; and renew a right spirit within me.

Salmos 51 v 10. Crea en mí, oh Dios, un corazón limpio, y renueva un espíritu recto dentro de mí.

Psalms 139 v 7. Whither shall I go from thy spirit? or whither shall I flee from thy presence?

Salmos 139 v 7. ¿A dónde me iré de tu Espíritu? ¿Y a dónde huiré de tu presencia?

Psalms 142 v 3. When my spirit was overwhelmed within me, then thou newest my path. In the way wherein I walked have they privacy laid a snare for me.

Salmos 142 v 3. Cuando mi espíritu se angustiaba dentro de mí, tú conociste mi senda. En el camino en que andaba, me escondieron lazo.

Psalms 143 v 4. Therefore, is my spirit overwhelmed within me; my heart within me is desolate.

Salmos 143 v 4. Y mi espíritu se angustió dentro de mí; Está desolado mi corazón.

Psalms 143 v 7. Hear me speedily, O Lord; my spirit failed; hide not thy face from me, lest I be like unto them that go down into the pit.

Salmos 143 v 7. Respóndeme presto, oh, Jehová, porque desmaya mi espíritu; No escondas de mí tu rostro, No venga yo a ser semejante a los que descienden a la sepultura.

Genesis 41 v 8. And it came to pass in the morning that his spirit was troubled; and he sent and called for all the magicians of Egypt, and all the wise men thereof, and Pharaoh told them his dream; but there was none that could interpret them unto Pharaoh.

Génesis 41 v 8. Sucedió que por la mañana estaba agitado su espíritu, y envió e hizo llamar a todos los magos de Egipto, y a todos sus sabios; y les contó Faraón sus sueños, mas no había quien los pudiese interpretar a Faraón.

1 Kings 10 v 5. And the meat of his table, and the sitting of his servants, and the attendance of his ministers, and their apparel, and his cupbearers, and his ascent by which he went up unto the house of the Lord; there was no more spirit in her.

1 Reyes 10 v 5. Asimismo la comida de su mesa, las habitaciones de sus oficiales, el estado y los vestidos de los que le servían, sus maestresalas, y sus holocaustos que ofrecía en la casa de Jehová, se quedó asombrada.

Proverbs 16 v 2. All the ways of a man are clean in his own eyes; but the Lord weighted the spirits.

Proverbios 16 v 2. Todos los caminos del hombre son limpios en su propia opinión; Pero Jehová pesa los espíritus.

Proverbs 16 v 18. Pride goes before destruction, and a haughty spirit before a fall.

Proverbios 16 v 18. Antes del quebrantamiento es la soberbia; Y antes de la caída la altivez de espíritu.

Ecclesiastes 3 v 21. Who knoweth the spirit of man that goeth upward, and the spirit of the beast that goeth downward to the earth?

Eclesiastés 3 v 21. ¿Quién sabe que el espíritu de los hijos de los hombres suba, y que el espíritu del animal descienda debajo de la tierra?

Ecclesiastes 8 v 8. There is no man that hath power over the spirit to retain the spirit; neither hath he power in the day of death: and there is no discharge in that war; neither shall wickedness deliver those that are given to it.

Eclesiastés 8 v 8. No hay hombre que tenga potestad sobre el espíritu para retener el espíritu, ni potestad sobre el día de la muerte: y no valen armas en tal guerra; ni la impiedad librará a los que la posee.

Matthew 26 v 41. Watch and pray, that ye enter not into temptation; the spirit indeed is willing, but the flesh is weak.

Mateo 26 v 41. Velad y orad, para que no entréis en tentación; el espíritu a la verdad está dispuesto, pero la carne es débil.

Luke 1 v 80. And the child grew, and waxed strong in spirit, and was in the deserts till the day of his shewing unto Israel.

Lucas 1 v 80. Y el niño crecía, y se fortalecía en espíritu: y estuvo en lugares desiertos hasta el día de su manifestación a Israel.

John 3 v 5. Jesus answered, Verily, verily, I say unto thee, Except a man be born of water and of the Spirit, he cannot enter into the kingdom of God.

Juan 3 v 5. Respondió Jesús: De cierto, de cierto te digo El que no naciere de agua y del Espíritu, no puede entrar en el reino de Dios.

John 6 v 63. It is the spirit that quickenth, the flesh profiteth nothing: the words that I speak unto you, they are spirit, and they are life.

Juan 6 v 63. El espíritu es el que da vida, la carne para nada aprovecha: las palabras que yo os he hablado son espíritu y son vida.

1 Corinthians 2 v 10. But God hath revealed them unto us by his Spirit; for the Spirit searcheth all things, yea, the deep things of God.

1 Corintios 2 v 10. Pero Dios nos las reveló a nosotros por el Espíritu: porque el Espíritu todo lo escudriña, aun lo profundo de Dios.

1 Corinthians 5 v 3. For I verily, as absent in body, but present in spirit, have judged already, as though I were present, concerning him that hath so done this deed.

1 Corintios 5 v 3. Ciertamente, yo como ausente en cuerpo, pero presente en espíritu, ya como presente he juzgado al que tal cosa ha hecho.

1 Corinthians 6 v 17. But he that is joined unto the Lord is one spirit.

1 corintios 6 v 17. Pero el que se une al Señor, un espíritu es con él.

1 Corinthians 12 v 13. For by one spirit are we all baptized into one body, whether we be Jews or gentiles, whether we be bond or free, and have been all made to drink into one Spirit.

1 Corintios 12 v 13. Porque por un solo espíritu fuimos todos bautizados en un solo cuerpo, sean judíos o griegos sean esclavos o libres, y a todos se nos dio a beber de un mismo Espíritu.

2 Corinthians 3 v 3. Forasmuch as ye are manifestly declared to be the epistle of Christ ministered by us, written not with the Spirit of the living God, not in tables of stone, but in fleshy tables of the heart.

2 Corintios 3 v 3. Siendo manifiesto que sois carta de Cristo expedida por nosotros, escrita no con tinta, sino con el Espíritu del Dios vivo; no en tablas de piedra, sino en tablas de carne del corazón.

2 Corinthians 7 v 1. Having therefore these promises, dearly beloved, let us cleanse ourselves from all filthiness of the flesh and spirit, perfecting holiness in the fear of God.

2 Corintios 7 v 1. Así que, amados, puesto que tenemos tales promesas, limpiémonos de toda contaminacion de carne y de espíritu, perfeccionando la santidad en el temor de Dios.

Galatians 3 v 3. Are ye so foolish? having begun in the Spirit, are ye now made perfect by the flesh?

Galatians 3 v 3. ¿Tan necios sois? ¿Habiendo comenzado por el Espíritu, ahora vais a acabar por la carne?

Galatians 4 v 6. And because ye are sons, God hath sent forth the Spirit of his Son, made of a woman, made under the law.

Gálatas 4 v 6. Y por cuanto sois hijos, Dios envió a vuestros corazones el Espíritu de su Hijo el cual clama: ¡Abba, Padre.!

2 Timothy 4 v 22. The Lord Jesus Christ be with thy spirit, Grace be with you. Amen.

2 Timoteo 4 v 22. El Señor Jesucristo este con tu espíritu, La gracia sea con vosotros. Amén.

Ephesians 1 v 13. In whom ye also trusted, after that ye heard the word of truth, the gospel of your salvation; in whom also after that ye believed, ye were sealed with that holy Spirit of promise.

Efesios 1 v 13. En el también vosotros habiendo oido la palabra de verdad, el evangelio de vuestra salvación y habiendo creído en el fuisteis sellados con el Espíritu Santo de la promesa.

Colossians 2 v 5. For though I be absent in the flesh, yet am I with you in the spirit, joying and beholding your order, and the steadfastness of your faith in Christ.

Colosenses 2 v 5. Porque, aunque estoy ausente en cuerpo, no obstante, en espíritu estoy con vosotros, gozándome y mirando vuestro buen orden y la firmeza de vuestra fe en Cristo.

Hebrews 9 v 14. How much more shall the blood of Christ, who through the eternal Spirit offered himself without spot to God, purge your conscience from dead works to serve the living God.

Hebreos 9 v 14. ¿Cuánto más la sangre de Cristo, el cual mediante el Espíritu ofreció a sí mismo sin mancha a Dios, limpiará vuestras conciencias de las obras muertas para que sirváis al Dios vivo?

1 Peter 3 v 4. But let it be the hidden man of the heart, in that which is not corruptible, even the ornament of a meek and quiet spirit, which is in the sight of God of great price.

1 Pedro 3 v 4. Sino el interno, el del corazón, en el incorruptible ornato de un espíritu afable y apacible, que es de grande estima delante de Dios.

1 Peter 4 v 6. For this cause was the gospel preached also to them that are dead, that they might be judged according to man in the flesh, but live according to God in the spirit.

1 Pedro 4 v 6. Porque por esto también ha sido predicado el evangelio a los muertos, para que sean juzgados en carne según los hombres, pero vivan en espíritu según Dios.

Jude 19. These be they who separate themselves, sensual, having not the Spirit.

Judas 19. Estos son los que causan divisiones; los sensuales, que no tienen el Espíritu.

Revelation 1 v 10. I was in the Spirit on the Lords' day, and heard behind me a great voice, as of a trumpet.

Apocalipsis 1 v 10. Yo estaba en el Espíritu en el día del Señor, y oí detrás de mí una gran voz como de trompeta.

1 John 4 v 1. Beloved, believe not every spirit, but try the spirits whether they are of God because many false prophets are gone out into the world.

1 Juan 4 v 1. Amados, no creáis a todo espíritu, sino probad los espíritus si son de Dios porque muchos falsos profetas han salido por el mundo.

Revelation 11 v 11. And after three days and a half the Spirit of life from God entered them, and they stood upon their feet; and great fear fell upon them which saw them.

Apocalipsis 11 v 11. Pero después de tres días y medio entró en ellos el espíritu de vida enviado por Dios, y se levantaron sobre sus pies, y cayo gran temor sobre los que los vieron.

Revelation 14 v 13. And I heard a voice from heaven saying unto me, Write, Blessed are the dead which die in the Lord from henceforth; Yea, saith the Spirit, that they may rest from their labors, and there works do follow them.

Apocalipsis 14 v 13. Oí una voz que desde el cielo me decía: Escribe: Bienaventurados de aquí en adelante los muertos que mueren en el Señor. Sí, dice el Espíritu, descansarán de sus trabajos, porque sus obras con ellos siguen.

Revelation 22 v 17. And the Spirit and the bride say, Come. And let him that heareth say. Come. And let him that is athirst come. And whosoever will, let him take the water of life freely.

Apocalipsis 22 v 17. Y el Espíritu y la Esposa dicen: Ven. Y el que oye, diga: Ven. Y el que tiene sed, venga: y el que quiera, tome del agua de la vida gratuitamente.

Psalms 104 v 4. Who maketh his angel's spirits, his ministers a flaming fire.

Salmos 104 v 4. El que hace a los vientos mensajeros, y a las flamas de fuego sus ministros.

Proverbs 16 v 2. All the ways of a man are clean in his own eyes; but the Lord, and they thoughts shall be established.

Proverbios 16 v 2. Todos los caminos del hombre son limpios en su opinión: Pero Jehová pesa los espíritus.

Luke 10 v 20. Notwithstanding in this rejoice not that the spirits are subject unto you; but rather rejoice, because your names are written in heaven.

Lucas 10 v 20. Pero no os regocijéis de que los espíritus se os sujetan, sino regocijaos, de que vuestros nombres están escritos en los cielos.

1 Corinthians 14 v 32. And the spirits of the prophets are subject to the prophets.

1 Corintios 14 v 32. Y los espíritus de los profetas están sujetos a los profetas.

Hebrews 12 v 23. To the general assembly and church of the firstborn, which are written in heaven, and to God the Judge of all, and to the spirits of just men made perfect.

Hebreos 12 v 23. A la congregación de los primogénitos que están inscritos en los cielos, a Dios el Juez de todos, a los espíritus de los justos hechos perfectos.

1 Peter 3 v 19. By which also he went and preached unto the spirits in prison.

1 Pedro 3 v 19. En el cual también fué y predicó a los espíritus encarcelados.

1 Corinthians 2 v 13. Which things also we speak, not in the words with man's wisdom teacheth, but which the Holy Ghost teacheth, comparing spiritual things with spiritual.

1 Corintios 2 v 13. Lo cual también hablamos, no con palabras enseñadas por sabiduría humana sino con las que enseña el Espíritu, acomodando lo espiritual a lo espiritual.

1 Corinthians 9 v 11. If we have sown unto your spiritual things, is it a great thing if we shall reap your carnal things?

1 Corintios 9 v 11. Si nosotros sembramos entre vosotros lo espiritual, ¿es gran cosa si segáremos de vosotros lo material?

Galatians 6 v 1. Brethren, if a man be overtaken in a fault, ye which are spiritual, restore such a one in the spirit of meekness; considering thyself, lest thou also be tempted.

Gálatas 6 v 1. Hermanos, si alguno fuere sorprendido en alguna falta, vosotros que sois espirituales, restauradle con espíritu de mansedumbre, considerándote a ti mismo, no sea que tú también seas tentado.

Ephesians 1 v 3. Blessed be the God and Father of our Lord Jesus Christ, who hath blessed us with all spiritual blessings in heavenly places in Christ.

Efesios 1 v 3. Bendito sea el Dios y Padre de nuestro Señor Jesucristo, que nos bendijo con toda bendición espiritual en los lugares celestiales en Cristo.

Colossians 3 v 16. Let the word of Christ dwell in you richly in all wisdom; teaching and admonishing one another in psalms and hymns and spiritual songs, singing with grace in your hearts to the Lord.

Colosenses 3 v 16. La palabra de Cristo more en abundancia en vosotros, enseñándoos y, enseñándoos unos a otros en toda sabiduría, cantando con gracia en vuestros corazones al Señor, con salmos e himnos y canticos espirituales.

Colosenses 1 v 9. For this cause we also, since the day we heard it, do not cease to pray for you, and to desire that ye might be filled with the knowledge of his will in all wisdom and spiritual understanding.

Colosenses 1 v 9. Por lo cual también nosotros, desde el día que lo oímos, no cesamos de orar por vosotros, y de pedir que seáis llenos del conocimiento de su voluntad, *en toda sabiduría e inteligencia espiritual.*

1 Peter 2 v 5. Ye also, as lively stones, are built up a spiritual house, and holy priesthood, to offer up spiritual sacrifices, acceptable to God by Jesus Christ.

1 Pedro 2 v 5. Vosotros también, como piedras vivas, sed edificados como casa espiritual y sacerdocio santo, para ofrecer sacrificios espirituales aceptables a Dios por medio de Jesucristo.

Romans 8 v 6. For to be carnally minded is death; but to be spiritually minded is life and pace.

Romanos 8 v 6. Porque el ocuparse de la carne es muerte, pero el ocuparse del espíritu es vida y paz.

I want you to relize that some books that they try to get you to believe that God is not real, but He is real.

Quiero que te des cuenta de que algunos libros intentan hacerte creer que Dios no es real, pero El es real.

Know that all of us must die one death, and those who believe in Jesus Christ, and follow him will leave this earth to be with him. Those who do not believe there is a God will face the final judgment. There is only two places after the earthly death, one is heaven, and one is the pit or hell; as it is said it depends on who you follow.

Sepa que todos nosotros debemos morir una sola muerte, y aquellos que creen en Jesucristo, y lo siguen dejarán esta tierra para estar con él. Aquellos que no creen que hay un Dios enfrentarán el juicio final. Solo hay dos lugares después de la muerte terrenal, uno es el cielo y otro es el abismo o el infierno; como se dice depende de a quien sigas. ✓

For the Bible is truth, and the truth is God. He is coming back for his people. Some will stay and will go though some hard times because the world will be one and the antichrist does not like godly people. The antichrist knows his time will be short and he will deceive many.

Will you be with Christ or will you face the final judgement.? Knowing that the right side goes with God to everlasting life and those on the left will find that everlasting fire.

Porque la Biblia es la verdad y la verdad es Dios. Él regresará por su gente. Algunos se quedarán y pasarán por momentos difíciles porque el mundo será uno y al anticristo no le gustan las personas piadosas. El anticristo sabe que su tiempo será corto y engañará a muchos.

¿Estarás con Cristo o enfrentarás el juicio final? Sabiendo que el lado derecho va con Dios a la vida eterna y los del lado izquierdo encontrarán ese fuego eterno.

www.ingramcontent.com/pod-product-compliance
Lightning Source LLC
LaVergne TN
LVHW020442070526
838199LV00063B/4824